W0398434

L'architecte et l'horloger

L'architecte et l'horloger

Jean-Louis Borloo

Suivi d'entretiens avec Gérard Leclerc

ÉDITIONS DU MOMENT

ÉDITIONS DU MOMENT
26 avenue Marceau
75008 Paris

« La force d'une nation est dans sa ressource humaine.
Un pays n'est puissant que par les hommes
et les femmes qui le composent, par l'envie qu'ils ont de vivre et
de construire ensemble, par le rayonnement de leur confiance
dans l'avenir et par la cohésion sociale qui les unit.
La prospérité économique est indissociable
de la prospérité sociale.»

Jean-Louis Borloo, Plan de Cohésion Sociale, janvier 2005.

Première partie

L'architecte et l'horloger

Quatre causes nationales pour un gouvernement : E F E L

J'aurai écrit sans doute un des derniers livres de la campagne et porté le dernier texte de la législature.

J'aurai éteint la lumière à l'Assemblée nationale et au Sénat.

Jusqu'au bout, j'aurai travaillé à tenter de rendre possible ce qui est indispensable.

J'ai eu des échecs et des succès aussi.

Je ne suis pas un homme d'étiquette ou de slogan mais depuis dix-huit ans que je porte mes idées, j'ai toujours pris mon propre chemin, mes propres risques. Parfois, je me suis engagé sur des routes de traverse et j'ai rebroussé chemin, avec une liberté de pensée qui me rend, dit-on, atypique ou iconoclaste.

Je suis de cette génération où se mélangent les expériences d'un autre métier, du terrain et de l'action publique. Mes idées, ma pratique, je les puise partout : dans les quartiers, au pied des tours, chez les surendettés, chez les employeurs, chez les partenaires sociaux, auprès des maires, auprès des salariés, commerçants ou entrepreneurs, chez les chercheurs.

Je laboure mon propre sillon comme un tâcheron, volontaire, séquentiel, ne passant d'un sujet à un autre que lorsque le premier est traité, déterminé jusqu'à la hargne pour imaginer le paysage des années à venir.

Je n'ai ni réseau ni lobby. J'ai longtemps été considéré comme « n'étant pas de la famille », et cela a peut-être été ma force.

Ma famille, je l'ai construite avec les bonnes volontés, les amitiés fidèles et les passionnés du résultat, du concret, quels qu'ils soient et d'où qu'ils viennent. Je suis chez moi avec les gens de terrain. J'ai arpenté la France, ses quartiers, ses usines, ses villes et ses campagnes, ses sept cents cités.

J'ai été confronté, je crois, aux défis les plus durs dans ma ville et au gouvernement.

J'incarne les valeurs de la droite sociale et du centre, je porte leurs exigences. Dans cette campagne je serai leur avocat.

Ces derniers mois, j'ai été sollicité, parfois même encouragé, notamment par mes amis du Parti Radical, à me présenter moi-même à l'élection présidentielle, à en prendre le départ, à « faire la course ». J'ai à peine hésité. Comment servir le mieux mon pays fut et reste la seule question qui m'a déterminé !

Ma vérité, je l'ai forgée, chaque jour, depuis dix-huit ans. Elle est aujourd'hui comme un fruit mûr, la voici !

Si ce n'est pas un programme, c'est en tout cas la feuille de route que devra suivre le prochain gouvernement pour construire une France juste et forte. Je veux en être l'architecte et le bâtisseur, et y mettre pour cela toutes mes forces.

J'ai la conviction chevillée au corps que la situation dans laquelle se trouve notre pays exige la mobilisation de tous autour des priorités vitales et fondamentales.

C'est le projet E F E L,

Emploi,

Formation,

Équité,

Logement,

(que d'autres écriront E I F F E L pour Emploi, Insertion, Formation, Filière Équité et Logement). Ce sont quatre piliers, quatre points cardinaux de la France, emblèmes de notre pays solide et ambitieux. Nous les bâtirons sur la base d'une autre méthode de gouvernement, intégrant la dimension écologique, afin de redonner espoir aux Français et offrir une nouvelle chance au pays.

L'avenir est à ce prix !

Aussi, mon engagement sera-t-il sans faille.

J'ai beaucoup réfléchi, à la lumière de mon expérience, pour analyser et comprendre pourquoi notre pays qui connaît de vrais succès dans de nombreux domaines, éprouve pourtant un sentiment diffus mais bien réel de perdre peu à peu la maîtrise de son destin. C'est à cet effort que je me suis astreint en mon âme et conscience, en observant dans le détail, tel un horloger cherchant à comprendre un mécanisme complexe, dans quel domaine, depuis quand et pour quelles raisons l'action publique s'est affaiblie.

Élu à Valenciennes il y a dix-sept ans, dans un bassin dévasté par la plus grande crise économique et sociale d'Europe, je crois sincèrement en avoir porté le redressement et la mutation.

Nommé il y a moins de trois ans au ministère de l'Emploi, de la Cohésion sociale et du Logement, j'ai méthodiquement établi, proposé et mis en place un Plan de cohésion sociale, première loi de programmation de l'histoire sociale de notre pays, comprenant vingt programmes d'actions engageant les principaux partenaires de l'État.

Sans crier certes au succès, les premiers effets du plan n'en ont pas moins permis, après cinq années d'augmentation ininterrompue, la baisse continue du chômage depuis deux ans et ce par la relance de l'apprentissage, la mise en place des Maisons de l'emploi, le développement des services à la personne, etc.

Ce plan a permis également une augmentation de 50 % du nombre de logements et le doublement de celui des logements sociaux construits chaque année, mais également la mise en route irréversible du programme de rénovation urbaine.

J'ai dû faire face à de multiples réticences, connu de grandes difficultés mais j'ai acquis également la certitude que l'action publique peut être efficace. J'en ai tiré des leçons.

Nous devons et pouvons retrouver l'excellence qui fut longtemps la nôtre dans quatre domaines : Emploi, Formation, Équité et Logement. Chacun d'eux devra intégrer les différents aspects du Pacte écologique de notre pays. Sans ces quatre priorités vitales ni cette dimension écologique, rien n'est possible.

Ces sujets, profondément liés entre eux, sont essentiels car ils commandent l'avenir de notre société. Qu'ils soient dégrippés et la France connaîtra une relance du progrès économique et social.

Les mots sont usés mais les enjeux n'en restent pas moins cruciaux et bien vivants. Des décrochages ont débuté, il y a trente ans, imperceptiblement mais inexorablement, à peu près en même temps, dans ces quatre domaines, entraînant la dégradation de nos finances publiques, décrédibilisant petit à petit l'action politique, instillant le sentiment profond d'absence d'avenir dans l'esprit de nos concitoyens.

Ces décrochages ont pour cause et origine le refus de voir ou de tirer les conséquences d'une évolution fondamentale : la révolution de l'organisation des pouvoirs en France.

Dans ces domaines comme dans d'autres mais plus encore qu'ailleurs, notre pays ne peut se résumer à un État centralisé mais est devenu une mosaïque de compétences, de responsabilités et de pouvoirs de décision.

Des acteurs nouveaux, puissants, autonomes, ayant leur propre légitimité, ont émergé au fil du temps depuis quarante ans et sont devenus, avec ou sans l'État, les acteurs incontournables et déterminants dans ces quatre domaines vitaux.

Cette réalité foisonnante a occulté toute vision globale, toute stratégie générale et entraîné la perte de l'efficacité collective.

Nous sommes les victimes de notre histoire et de notre culture, celle d'un État tout puissant voulant répondre de tout : idée reçue, idée ancrée, idée obsédante, mais idée fausse.

Nous sommes en réalité un pays aux acteurs innombrables, aux légitimités éclatées, aux filières autonomes, aux structures jalouses de leurs identités, de leurs pouvoirs et de leurs fonctionnements.

Dès lors, parce que l'action publique ne peut plus se concevoir comme autrefois, il est nécessaire de changer notre méthode : ce changement d'architecture institutionnelle, essentiel, exige une mutation radicale sur la base de la reconnaissance des légitimités propres à chaque acteur public, passant par la définition en commun d'objectifs et par la méthode des programmes d'intérêt national, conçus et exécutés en partenariat.

Ce changement radical de méthode doit entraîner également un changement d'échelle, concentrant les moyens humains et financiers mutualisés sur ces priorités sur des durées d'au moins cinq ans.

Tout cela est aujourd'hui possible et surtout indispensable.

Un dérèglement trentenaire des quatre priorités vitales

Nous avions, sûrement, l'une des meilleures écoles du monde, fille aînée de la République, exemplaire car laïque, performante et gratuite, mais également des universités au prestige reconnu, de grandes écoles portées sur les fonts baptismaux de la République par la Révolution. Imperceptiblement en 25 ans, le niveau de la maîtrise des savoirs fondamentaux s'est infléchi si bien que désormais, chaque année, non seulement plus de 150 000 jeunes sortent sans qualification mais encore près de 100 000 ayant eu accès à l'enseignement supérieur en sortent sans diplôme.

Nous avions pendant des décennies consenti un effort sans précédent de production de logements, d'amélioration de l'habitat, de résorption des bidonvilles, de mise aux normes des logements. L'arrêt brutal en 1980 de cette dynamique, une production divisée par deux pendant 20 ans, ont plongé notre pays dans une crise du logement dont l'ampleur a été sous-estimée.

Du plein emploi des Trente Glorieuses, nous sommes passés à un chômage structurel de masse, de longue durée, affectant principalement les jeunes, les seniors et certains territoires.

L'égalité républicaine était notre projet et notre fierté, mais depuis les émeutes de Vaulx-en-Velin, il y a vingt-cinq ans, nous peinons à sortir de la ségrégation urbaine et sociale.

Ce ne sont ni l'engagement des différents acteurs dans ces domaines ni l'absence de financement comme en témoigne le montant de la dette publique, qui sont en cause.

Pendant un quart de siècle, avec la conviction de la nostalgie, le confort d'un modèle qui avait réussi, nous avons, en guise d'analyse, trouvé de mauvaises raisons et des boucs émissaires. Il en va ainsi du choc pétrolier pour l'emploi qui, par nature, devait être provisoire, des entrepreneurs, des syndicats, du Code du travail, de Mai 68, de demandeurs d'emploi peu motivés, d'un service public pléthorique, du « plombier polonais », de la mondialisation, de l'économie de marché ; de maires « égoïstes », en matière de logement, des entreprises de construction, de propriétaires sans scrupules, de locataires indélicats ; de la télévision, en matière d'égalité républicaine, des quartiers qui se dégradent par le fait de leurs habitants, de parents démissionnaires, des enseignants, de l'incompatibilité entre la République et les religions, etc.

En réalité, la France a changé profondément. En quarante ans, d'un pays centralisé, ethniquement homogène et à l'économie essentiellement industrielle et agricole, elle est devenue une mosaïque de cultures, de métiers et de pouvoirs.

L'architecture de ces derniers a changé : l'État n'est pas la tutelle opérationnelle de l'Unedic, des HLM, des fonds de collecte du logement social, de la formation professionnelle ni des ses financements, de l'organisation de l'apprentissage, de la Caisse nationale d'assurance maladie, de la Caisse nationale des allocations familiales, et des nombreuses filières de formation. L'État n'est pas la tutelle des chambres d'agriculture, des métiers, de l'industrie et du commerce, pas plus qu'il ne l'est des villes, des agglomérations, des départements, des régions et des partenaires sociaux. Des acteurs nouveaux puissants ont émergé, devenus incontournables et déterminants dans ces domaines vitaux, disposant de leur propre légitimité, de leur propre financement, de leur propre fonctionnement, de leur propre structure et de leurs propres objectifs.

C'est un fait, personne n'envisage sérieusement de revenir en arrière ! Pour autant, ayons le courage de faire un constat : nous avons été conduits à affronter des défis majeurs en ordre dispersé. En la matière comme en tout, il n'est rien d'inéluctable : faisons de la synergie, de la coopération, de la définition en commun des objectifs afin de trouver une articulation harmonieuse et efficiente de l'action des uns et des autres, les maîtres-mots de l'action publique !

J'appelle de mes vœux cette véritable révolution : changeons radicalement de méthode et inscrivons notre action dans la durée, seule garantie de l'intérêt général.

J'appelle l'ensemble des acteurs à concevoir avec l'État, dans la plus entière transparence et le respect de chacun, les programmes partenariaux d'intérêt national qui permettront d'atteindre et d'évaluer les objectifs que nous nous sommes fixés dans les quatre domaines du projet EFEL, car c'est la coordination qui fait l'efficacité de l'action.

J'en appelle au changement du rôle de l'État, acteur opérationnel parmi les autres, même s'il reste d'une essence particulière : il lui faut favoriser l'émergence d'un consensus et coordonner les initiatives.

L'État doit avant tout impulser, réguler quand il ne devient pas ensemblier. Il doit promouvoir une nouvelle gouvernance publique et être en toute circonstance le garant et l'arbitre de l'intérêt général. La parole de l'État reste et doit rester forte dans notre pays mais elle doit être d'or, et ses engagements clairs et durables. Si nous voulons réussir pour notre pays, il n'est d'autre voie que celle des programmes partenariaux d'intérêt national. Contrairement à ces vingt-cinq dernières années, arrêtons d'avoir peur de définir des objectifs précis quantifiables, de les évaluer, de rendre des comptes.

Notre pays a moins besoin de débats idéologiques que d'une boussole. La méthode est primordiale, il faut y consacrer le temps nécessaire !

Ces programmes devront être pilotés selon les cas par un office ou une agence qui ne sera la tutelle de personne, mais le lieu de la légitimité commune et partagée. Le programme national de rénovation urbaine que j'ai initié avec tous les acteurs est une parfaite illustration de ces changements de méthode et d'ampleur.

Cela faisait trente ans que 500 quartiers artificiellement insérés dans un tissu urbain, repliés sur eux-mêmes, différents des autres, nous entraînaient vers la ghettoïsation d'une partie du territoire national, aboutissant à un état de ségrégation urbaine et sociale, germe de tous les risques de dislocation de la République.

Depuis trente ans, chaque acteur y allait de sa contribution, la ville de son côté, les organismes HLM, l'État, les départements, les associations de l'autre, mais les efforts restaient dispersés, à une échelle réduite, et dilués dans le temps.

Le plan national de rénovation urbaine n'est rien d'autre qu'une réponse à ce constat. Elle est le fruit d'une démarche de tous les acteurs, visant à traiter ensemble et massivement cet enjeu essentiel.

Pour ce faire, l'Agence nationale de rénovation urbaine a été créée, guichet unique qui regroupe tous les partenaires et les financements dans la durée. Le conseil d'administration est composé des partenaires sociaux, de la famille HLM, de la Caisse des dépôts et consignations, de l'Association des régions, de l'assemblée des départements, de l'Association des Maires de France, et bien sûr de l'État. Composée d'une équipe légère, elle pilote ce programme majeur qui représente aujourd'hui 35 milliards d'euros de travaux, soit le plus grand programme de construction qu'ait connu notre pays depuis l'après-guerre. Vingt-huit milliards d'euros sont d'ores et déjà engagés et garantis. Dans 400 quartiers, les grues sont là, les habitations et les appartements rénovés ou rebâtis, les immeubles requalifiés, résidentialisés. De fait, l'urbanisme est transformé en profondeur et certaines barres qui, hier encore, bloquaient les entrées du quartier, et le stigmatisaient, sont déconstruites ou en cours de déconstruction ; des avenues, des espaces publics, des équipements de qualité ont vu ou vont voir le jour. Dans une centaine d'entre eux, la vie est déjà véritablement en train de changer.

Les capacités financières qui paraissaient introuvables hier étaient donc bel et bien disponibles sur le territoire national, dès lors que les moyens de chacun étaient mobilisés et mutualisés.

Nous avions, nous le voyons, les capacités depuis trente ans de faire ce grand plan Marshall. Il fallait le faire, je l'ai fait !

Bâtissons ensemble le projet E F E L, quatre piliers pour les quatre causes nationales, avec une stratégie partagée, des objectifs communs, un calendrier, une méthode pour mettre en œuvre ces programmes d'intérêt national.

I. PLAN D'ACTION POUR L'EMPLOI

Vers le plein emploi, plus de pouvoir d'achat et de compétitivité

Les mots *emploi, chômage, compétitivité, pouvoir d'achat* sont usés, et ceux-là peut-être plus que tous les autres, à force de buter dessus et de répéter qu'il existe une malédiction française ou qu'il est impossible de remédier aux maux qu'ils recèlent. Le travail est l'un des quatre piliers fondamentaux de toute société. Le travail rime avec dignité, reconnaissance de l'utilité sociale, participation à la production collective. Il développe aussi l'esprit d'équipe, le sens de la responsabilité, l'amour du bel ouvrage. La rémunération du travail dans de bonnes conditions, c'est le « pouvoir de vivre », c'est la capacité d'élever ses enfants. Ce sont des revenus décents et une certaine part de l'autorité parentale. Le travail, c'est enfin essentiel sur le plan économique car l'amélioration des conditions de vie de tout un peuple correspond au nombre d'heures de travail qualifié globalement produit en une année par la nation.

En 35 ans, nous sommes passés du plein emploi à un chômage de masse et structurel, même en période de forte croissance. Nous avons longtemps cru que des phénomènes extérieurs, prix du pétrole, croissance mondiale ou européenne, règleraient mécaniquement le taux d'emploi et le taux de chômage. Nous avons aussi cru que l'emploi était une donnée figée et que son partage amènerait le plein emploi. Nous n'avons voulu remettre en cause ni notre processus de qualification d'une classe d'âge, ni notre organisation pour la gestion des ressources humaines et l'adaptation de l'offre et de la demande de travail, ni notre modèle collectif consistant à être celui qui, en Europe, taxe le plus l'emploi, ni à élaborer une stratégie nationale de compétitivité sur certains secteurs, ni voulu considérer que, si l'emploi peut être le résultat de la croissance, la croissance, elle, est en réalité le résultat d'une gestion performante de nos ressources humaines. Nous avons refusé de voir que nous traversions une crise du recrutement.

Depuis plus de 25 ans, le chômage oscille entre 8,5 % et 12 % selon les périodes de très forte croissance économique européenne ou de stagnation.

J'ai été nommé ministre de l'Emploi à un moment où notre pays connaissait une croissance ininterrompue et apparemment inexorable du chômage depuis cinq ans. En prenant des mesures simples, énergiques mais de bon sens, j'ai arrêté cette hémorragie avec le soutien du gouvernement, du parlement et des acteurs du service public de l'emploi, pour entrer dans un cycle de baisse quasi continue depuis deux ans. Le Plan de cohésion sociale a permis d'inverser la courbe du chômage en passant de plus 20 000 chômeurs par mois, en moyenne, à moins 20 000. Il est la preuve que cette méthode permettra d'aller raisonnablement vers le plein emploi.

Fort de cette expérience, j'affirme que nous sommes capables d'atteindre un taux de chômage situé entre 5 et 6 %, d'augmenter le nombre de contrats en CDI, de réduire sensiblement le travail à temps partiel subi, de nous inscrire dans une croissance durablement plus forte et d'augmenter le pouvoir d'achat de nos compatriotes.

Cela peut se faire sans drame, sans conflit majeur, à la condition que soit élaboré un programme d'intérêt national de plein emploi, construit sur l'objectif d'un taux de chômage entre 5 et 6 %.

Cette cause nationale se décline selon cinq programmes d'intérêt national.

1. Ne plus être les champions de la taxe sur l'emploi

Nous sommes en Europe le pays qui taxe le plus l'emploi.

La France a choisi pour l'essentiel, depuis la guerre, de faire porter un certain nombre de politiques d'intérêt général et une grande partie de la sécurité sociale sur la fiche de paie. La vérité d'hier devient un terrible handicap aujourd'hui, d'autant que l'évolution des besoins de financement de ces politiques, la tertiarisation d'une partie de l'économie augmentant le facteur humain, l'ouverture des marchés et l'émergence de nouvelles économies, rendent ce modèle peu efficace. Lorsque 100 euros de salaire sont distribués, ils coûtent à l'employeur 145 euros et le salarié encaisse, **lui**, 80 euros. Certes, face à cette impasse, on a organisé des contournements : développement d'avantages en nature, de services non chargés, non taxés, proposés aux salariés, intéressement et participation, primes en tout genre, exonération des charges sociales pour l'emploi des jeunes, et sur l'ensemble des salaires jusqu'à 1,6 Smic... Mais c'est le concept même qu'il faut revoir.

Réduire les taxes sur l'emploi

Il faut réduire de 20 % les taxes sur l'emploi, 10 % pour l'amélioration immédiate du pouvoir d'achat des salariés et 10 %

pour soutenir la compétitivité de nos entreprises. Là aussi, ceci peut se faire sans remettre en cause le fondement du paritarisme, même si certains organismes puisent leur légitimité dans le fait que leur financement soit issu du contrat de travail. Les deux sujets existent mais ils sont dissociables. L'enjeu est clair : pour revenir à une taxe sur l'emploi dans la moyenne européenne, il convient de transférer 60 milliards d'euros de ces taxes sur neuf autres assiettes : la CSG et la CRDS, et notamment leur extension aux personnes morales, la TVA, l'épargne, l'impôt sur les successions, l'impôt sur les sociétés, la taxation environnementale, l'imposition sur les plus-values et enfin les financements alternatifs.

Ce sujet est vital, il doit faire l'objet d'une concertation très approfondie de tous les acteurs. Nous pouvons procéder par étape en nous concentrant sur les besoins les plus criants aux effets les plus immédiats.

Un sujet d'équité d'abord, les petites et moyennes entreprises ont une énorme difficulté à faire profiter leurs salariés de l'ensemble des avantages non chargés ou avec de faibles charges comme les crèches d'entreprise, l'intéressement et la participation. Celui-ci représente par les compensations de charges ou les manques à gagner fiscaux un effort de la nation de 6,9 milliards d'euros. L'instauration, dans un premier temps pour les entreprises de moins de 500 personnes, de cet allègement de 20 %, réparti équitablement entre le salarié et l'entreprise, est une mesure d'équité.

Toute transformation d'un CDD actuel en CDI d'ici au 1er janvier 2008 bénéficiera du même dispositif d'allègement de 20 % des charges sociales.

Il en sera de même pour toute transformation d'un emploi à temps partiel en emploi à temps plein et tout recrutement en CDI d'une personne domiciliée en zone urbaine sensible, et ce d'ici au 31 décembre 2007.

Tout recrutement sur un poste créé par un entrepreneur individuel ou une société de moins de dix personnes, bénéficiera, pendant trois ans, d'une charge sociale unique de 10 % et retrouvera le dispositif dérogatoire au bout de trois ans.

L'ensemble de ces premières actions représente un transfert, sur les huit autres assiettes, de moins de 18 milliards. Ce transfert est raisonnable quand on sait qu'un point de TVA génère à lui seul 8 milliards d'euros.

2. Mieux gérer nos ressources humaines

Faire face à la crise du recrutement

Nous sommes dans une économie de mutations extrêmement rapides, devant adapter en permanence ses savoir faire, répondre à l'émergence de nouveaux métiers. La capacité de mobilité professionnelle, y compris dans la même entreprise, est indispensable. Nous avons continué à considérer que l'offre et la demande d'emploi s'accordaient naturellement et que l'offre était adaptée aux formations professionnelles existantes.

Dans cette logique, nous avions instauré un système assuranciel, celui des Assedic fondé sur des cotisations prélevées sur la feuille de paie, avec pour objectif de financer les allocations chômage. À côté, une organisation, l'ANPE, a pour mission la mise en relation des demandeurs d'emplois et des offres d'emplois, c'est-à-dire de la gestion d'informations instantanées. D'autres organismes, complètement indépendants, sont en charge de la formation professionnelle, au niveau des branches ou des régions. En la matière, les acteurs sont multiples : chambre de métiers, chambre de commerce et d'industrie, chambre d'agriculture, missions locales, observatoires des métiers par régions, Observatoires des métiers par branches, organismes de formation professionnelle, gestionnaires du RMI, de l'allocation de solidarité spécifique (ASS), associations de réinsertion, collectivités territoriales s'ajoutent au dispositif.

Autant d'organismes qui ont leur logique propre, leurs organisations propres, leurs objectifs propres mais sans, à aucun moment, un poste de pilotage commun, un guichet unique permettant de prévoir les besoins, de découvrir les nouveaux métiers, de déclencher la formation, d'assurer le soutien personnalisé, bref de gérer les ressources humaines et la relation entre l'offre et la demande. Quoi d'étonnant dans ces conditions que nous soyons à la fois dans un chômage de masse et dans une crise du recrutement ? Penser une seconde que, dans une société de mutation rapide, l'offre de « Frédéric » va correspondre à la demande de « Benoît », naturellement, est évidemment une erreur.

Le premier enjeu en matière d'emploi, ainsi que nous l'avons défini dans le plan de cohésion sociale, c'est la gestion unifiée des ressources humaines qui considère que toute personne en recherche d'emploi est une perle rare, qu'elle doit être reçue, suivie, qu'on doit mettre en valeur ses capacités, lui faire découvrir de nouveaux métiers, de nouveaux savoir-faire, qu'on établit ses bilans de compétences, qu'on la soutient psychologiquement et que, de l'autre côté, on propose aux entreprises une solution vraiment simple avec un guichet unique pour répondre à leurs besoins de recrutements. Aucun pays d'Europe n'a aujourd'hui un système aussi éclaté, aussi dispersé et, pour tout dire, aussi peu efficace. Sur ce seul sujet, nous avons commencé à gagner plus d'un point de chômage. En poursuivant notre effort, nous pouvons passer à 7 % et gagner probablement un demi point de croissance.

Quant à la mise en place de la sécurisation des parcours professionnels, depuis des années, tout le monde en parle et la campagne présidentielle n'a pas échappé à la règle, alors que nous avons commencé à l'expérimenter. De quoi s'agit-il ? Chacun a sa définition, l'idée centrale revient à privilégier l'homme et son parcours, sa capacité à assumer des mobilités professionnelles sans retomber dans le chômage ni retourner à son anonymat. Les mutations existent et sont obligatoires. Il faut donc les considérer comme des éventualités, des opportunités et non comme des drames et des abandons.

C'est un sujet d'une extrême complexité. Nous en avons expérimenté une forme avec les partenaires sociaux : le contrat de transition professionnelle. Sur sept bassins d'emploi bien spécifiques, toute personne qui fait l'objet d'un licenciement économique de la part d'une entreprise de moins de 1 000 personnes, s'est vue proposer un contrat de transition professionnelle lui autorisant, pendant une année, de passer directement d'un contrat avec son entreprise à un contrat avec une filiale de l'Afpa (Association pour la formation professionnelle des adultes) en charge de cette transition. De quoi permettre aux bénéficiaires volontaires de garder leurs revenus nets antérieurs, de ne pas s'inscrire au chômage avec tout ce que cela suppose de réduction de revenus, de logique administrative et de sentiment d'abandon, de bénéficier d'un soutien personnalisé extrêmement puissant et de pouvoir, pendant cette période, alterner des essais en entreprise et des périodes de formation adaptée.

La première évaluation de ces expérimentations est encourageante. 75 % de ceux à qui cela a été proposé l'ont choisi, c'est-à-dire à peu près tous, sauf ceux qui avaient déjà trouvé un autre emploi avant le licenciement. Le taux de satisfaction est de 80 % et le retour à l'emploi s'est accéléré. Encore plus significatif, la période de transition professionnelle n'a pas été psychologiquement vécue comme une période de chômage. La qualification individuelle a été améliorée et, pour 37 % d'entre eux, le nouvel emploi a permis une amélioration de la rémunération du salarié.

L'évaluation évoque un certain nombre de points d'amélioration qu'il faut prendre en compte mais il me paraît indispensable, en concertation avec les partenaires sociaux, que nous décidions de la généralisation de ces dispositifs pour tous les licenciements économiques des entreprises de moins de 1 000 personnes, supprimant ainsi, du moins pendant un an, tout passage par la « case chômage ». Cela demande une organisation serrée, précise, des Maisons de l'emploi (220 maisons déjà labellisées aujourd'hui), des supports humains importants, une large concertation avec tous les opérateurs, un suivi attentif, un pilotage et des financements mutualisés.

Créer l'Agence d'accès à l'emploi

Il faut amplifier l'action du Plan de cohésion sociale et consolider notamment les Maisons de l'emploi. Dans cet esprit, il est indispensable de créer au plan national une Agence d'accès à l'emploi dont la mission est d'organiser la définition des besoins, les formations qui en découlent, un guichet unique de la formation, la découverte des métiers, l'accompagnement et le soutien personnalisé, les bilans de compétences, la validation des acquis de l'expérience, des Maisons uniques de l'emploi et de la formation sur tout le territoire, lieux où s'exerce une stratégie commune en matière de gestion des ressources humaines.

Ce projet ne peut se résumer à la fusion de l'ANPE et de l'Unedic, mais bien de la mutualisation de tous les acteurs en charge du suivi et de l'information, de formation, de financement et d'accompagnement.

Cette agence nationale sera composée de tous les opérateurs, en respectant la légitimité de chacun. Nous ne pouvons plus continuer à avoir l'ASS financée par l'État, le RMI par le Département, le demandeur d'emploi ayant cotisé, pris en charge par l'Assedic en tant que gestionnaire de l'indemnisation, la région et les branches professionnelles pilotant la formation, l'ANPE. Tous les pays qui ont réussi dans ce domaine ont créé partout des maisons de l'emploi et de la formation. Comme nous l'avons initié, le demandeur d'emploi doit être reçu par un référent unique, de manière unique et non administrative, le soutenant, l'éclairant chaque semaine.

Cette agence aura à piloter également les propositions de tous en permettant de transformer les différentes indemnisations et allocations, quels qu'en soient leur source, leur origine et leur statut, en un financement unique d'aide au retour à l'emploi, ceci tout en respectant notre histoire et les légitimités partagées en matière de paritarisme et de décentralisation.

3. Simplifier et favoriser le retour à l'emploi de ceux qui en sont le plus éloignés

Le piège de la multiplication des allocations

Lorsque des personnes ont été confrontées, à un moment

particulier, à un accident de la vie quelles qu'en soient les raisons, le retour à un emploi digne et décent est un parcours du combattant extraordinairement difficile.

Les filets de sécurité inventés sont à la fois insuffisants pour pouvoir s'y préparer sérieusement, incroyablement nombreux, dispersés et parfois peu cohérents entre eux. Ce sont pourtant dans ces périodes de solitude et de grand désarroi que la perte de confiance est considérable et que l'inefficacité liée à la multiplication des interlocuteurs, la complexité et l'aléa des soutiens peut avoir des conséquences dramatiques.

L'invention du RMI par Michel Rocard était une avancée sociale, mais devait concerner moins de 400 000 personnes en situation très provisoire. Inexorablement depuis 15 ans, nous sommes à plus d'un million de personnes concernées et le taux de sortie de ce dispositif est extrêmement faible. Dans ce domaine, autant sinon plus qu'ailleurs, les guichets et les dispositifs sont éclatés : des aides au retour à l'emploi de l'ANPE, celles de l'Assedic, des soutiens de la Caisse d'allocation famille (Caf), du conseil général, de l'État, des services sociaux, des villes et des agglomérations. Chacun a mis au point son système et sa stratégie.

La marche à franchir pour sortir du RMI ou de l'ASS est trop élevée, trop compliquée, souvent inaxessible. Que de fois n'avons-nous entendu « On n'a plus la force. » C'est un énorme gâchis.

La multiplication des acteurs, la gestion par statut, rendent impossible, inquiétant, dissuasif et peu rationnel, le retour à l'emploi. Le sujet est majeur : 1 500 000 personnes capables de mettre, sous une forme ou sous une autre, leur énergie au service de notre pays sont, en réalité et de fait, à la fois allocataires et abandonnés.

Un contrat unique d'insertion

L'Agence d'accès à l'emploi devra organiser la mutualisation de tous les dispositifs et financements, de toutes les allocations par la mise en place d'un contrat unique d'insertion tel qu'il est aujourd'hui expérimenté par l'association Emmaüs dans certains départements. Ce contrat unique, simple, motivant, permettra une amélioration de la rémunération en contrepartie d'une formation et d'un véritable travail. Le contrat unique d'insertion sera proposé à un million d'allocataires, sur la base du contrat d'avenir mis en place par le Plan de cohésion sociale, et prévoira 30 heures d'emploi formation par semaine sur la base du Smic horaire pendant une durée d'un an ou deux, selon les cas. Il sera conçu comme un véritable parcours de retour à l'emploi par l'alternance, condition indispensable pour affronter notre crise du recrutement et stimuler notre économie.

4. Des contrats de progrès pour chaque secteur d'activité

Chaque secteur d'activité économique connaît une situation particulière avec des enjeux, des difficultés, des capacités de croissance et d'enrichissement en emploi qui lui sont propres. Les différents secteurs évoluent dans un environnement administratif, réglementaire, financier et fiscal qui mérite une analyse en profondeur pour définir les conditions de son développement et de son enrichissement en emploi.

L'exemple du contrat de progrès des services à la personne

Pour amplifier la dynamique de progrès du secteur des

services à la personne, nous avons défini un *contrat de progrès*. Toutes les études avaient démontré que nous pouvions y développer massivement l'emploi tout en améliorant considérablement la qualité de vie de nos compatriotes en structurant ce secteur professionnel.

La première étape a consisté à en réunir tous les acteurs et à étudier avec eux, sans *a priori*, les blocages et les conditions à réunir pour dynamiser son développement : la croissance du secteur qu'il s'agisse de l'emploi ou de l'offre de services, sa professionnalisation, la création d'un nouveau modèle économique par un nouveau mode de paiement, le chèque emploi service universel. Les premiers résultats sont au rendez-vous un an après la création de l'Agence nationale des services à la personne : 146 000 emplois créés en 2006, près de 230 000 prévus en 2007, doublement du nombre de sociétés ou d'associations créées en un an.

Un contrat de progrès pour chaque secteur d'activité

C'est dire la réussite et le caractère prometteur d'une telle méthode si on la généralise. Nous élaborerons donc un contrat de progrès dans chacun des 50 grands secteurs d'activité en réunissant toutes les parties prenantes : les professionnels et les experts, les partenaires sociaux, les collectivités locales, l'État, les branches professionnelles et les associations de consommateurs. Je suis convaincu que nous améliorerons considérablement l'emploi, la qualité de service, la compétitivité du secteur et le pouvoir d'achat des salariés. C'est à l'évidence plusieurs centaines de milliers d'emplois parfaitement répartis sur le territoire national, qui pourraient à nouveau émerger si les contrats de progrès sont ensuite mis en œuvre dans le respect des engagements de chacun.

La méthode du contrat de progrès permet en particulier d'intégrer toutes les dimensions des décisions économiques dans le secteur. Par exemple, si réaliser des gains de productivité est le plus souvent une bonne chose pour la compétitivité, cela peut, dans des cas spécifiques, avoir des conséquences négatives pour l'emploi et la qualité de service parfois dommageables pour l'économie dans son ensemble. Il est souhaitable dans ces cas précis qu'un débat soit ouvert pour étudier, ensemble, comment éviter de telles conséquences négatives, et souvent par de simples ajustements, augmenter le bien-être global en remédiant simplement aux dysfonctionnements observés.

5. Une stratégie d'offensive économique

La France donne l'impression de ne pas avoir de stratégie d'offensive économique. Nous semblons perdus, rétifs à l'idée de définir une stratégie économique nationale s'appuyant sur nos avantages compétitifs alors que nous avons des domaines d'excellence.

Il faut recréer un espace commun de réflexion public/privé pour repasser à l'offensive, pour « raisonner global » et définir, avec tous les opérateurs, la nouvelle stratégie d'offensive économique de notre pays pour les trente ans qui viennent. On sait maintenant que la compétition a peu de rapport avec le mode d'organisation politique, voire démocratique. On sait aussi que pour gagner, il faut pouvoir aligner, selon les cas, modes d'organisation privée directe, de délégation de service public ou d'économie mixte.

Les enjeux sont maintenant bien connus : caractère décisif du risque écologiqueavec les jours maintenant comptés de certaines ressources fossiles. L'eau, les déchets, l'énergie, l'intégration des nouvelles techniques de l'information et de la communication dans le processus économique sont stratégiques. La France a l'incroyable chance d'avoir des entreprises, leaders mondiaux de l'énergie propre, la capacité technologique à développer des énergies complémentaires, d'autres leaders mondiaux dans le traitement de l'eau, des déchets et des transports. Elle a largement rattrapé les meilleurs dans le domaine des Nouvelles technologies de l'information et de la communication (NTIC).

Retrouver une croissance durable dans un monde nouveau avec l'économie du quaternaire

L'économiste Michèle Debonneuil explique dans son récent ouvrage *L'Espoir économique* les défis et les dilemmes auxquels la France, comme tous les pays riches, est confrontée, mais également les solutions concrètes qui peuvent être apportées avec le développement de l'économie du quaternaire.

Notre pays doit faire face à quatre défis majeurs.

Le premier concerne le choix impossible entre la vigueur de la croissance économique et le développement rapide d'inégalités sociales qui peuvent à terme miner le pacte démocratique. Ceux des pays occidentaux qui connaissent la croissance économique la plus forte et les taux d'emploi les plus élevés, connaissent aussi une aggravation des inégalités sociales et une généralisation du temps partiel mal rémunéré et subi. Cette évolution s'est accompagnée d'une dualisation durable de l'économie entre un secteur industriel et technologique générateur de gains de productivité et un secteur tertiaire considéré comme sous-productif voire occupationnel, autrement dit générateur d'emplois prétextes.

Le second défi concerne les grandes puissances émergentes (Chine, Inde, Brésil...) et leur concurrence croissante et durable. Le niveau de formation de ces pays s'améliore considérablement alors que leurs structures de coûts sont durablement plus favorables du fait notamment de leurs immenses potentiels démographiques. Face à cette situation historiquement inédite, tout ne peut pas être réglé par des systèmes dérégulés et le seul jeu de la concurrence. La tentation du repli sur soi n'est pas non plus une solution acceptable.

Le troisième défi concerne le choc démographique. Nous entamons une période de plusieurs décennies durant lesquelles le nombre des personnes en âge de travailler risque de baisser alors que celles qui ne sont pas en âge de le faire va augmenter. Il faut éviter que cet inéluctable choc démographique, le vieillissement de la population lié aux grands bienfaits de l'augmentation de l'espérance de vie, ne se transforme en un choc économique conduisant à une baisse du revenu disponible pour tous. Seul le retour du plein emploi faciliterait cette évolution en douceur.

Enfin, notre développement économique et notre style de vie ont déjà modifié et continuent à abîmer considérablement la biosphère et notre environnement naturel. Nicolas Hulot a raison de nous alerter sur la gravité de ces menaces qui ne peuvent que se renforcer de façon dramatique si les pays en transition adoptent les mêmes comportements de consommation que les nôtres.

Même si les défis sont importants, les axes de solution existent.

La France et l'Europe peuvent faire face à ces grands défis de façon positive et concrète. La révolution du quaternaire est en marche. Une économie nouvelle est en train de naître, l'économie du quaternaire dépassant les frontières entre le secteur secondaire industriel et le secteur tertiaire des services. Cette économie nouvelle s'appuie sur l'impact des technologies de l'information et de la communication, véritable révolution générique qui permet d'offrir une intégration encore inédite entre produits et services pour augmenter le bien-être de tous les consommateurs. Le développement des services à la personne est la première étape de cette révolution vivante.

Soyons très concret : la révolution du quaternaire permet de mettre en place un service innovant de transport, avec par exemple la mise à disposition d'un véhicule avec ou sans chauffeur, de n'importe quel type, n'importe où, sans contrainte (on peut laisser le véhicule ensuite à sa guise). Nous n'achèterons plus des produits ou des services simples, mais la mise à disposition des prestations rendues par les biens (par exemple l'électroménager) avec tout le personnel pour que tout devienne facile dans l'utilisation de ces biens. La façon de satisfaire les besoins va connaître une révolution profonde ; on pourra acheter des services riches et complexes et non plus être saturés de biens matériels.

Cette révolution quaternaire nous permettra de faire face aux quatre grands défis qui nous attendent. La vigueur de cette économie renouvelée est en mesure de créer de nombreux emplois, de réconcilier l'économie industrielle productive et celle des services. L'augmentation de l'emploi et le retour au plein emploi peuvent ainsi permettre de passer sans encombre le choc démographique et de réconcilier croissance économique et progrès social.

Face à la mondialisation, l'économie du quaternaire permet de donner de nouveaux avantages comparatifs à la France et à l'Europe, de renouveler notre compétitivité avec de nouveaux secteurs économiques non soumis aux risques de délocalisation et ce sans porter atteinte à la croissance économique des pays en transition.

L'économie du quaternaire permet, enfin, d'optimiser l'utilisation des biens et leur impact sur l'environnement, sans réduire la satisfaction des consommateurs. C'est un grand projet écologique concret, il préfigure une conciliation harmonieuse et réaliste entre écologie et économie.

Il faudra toutefois une réelle volonté et une stratégie nationale ou européenne pour mettre en œuvre cette vision. Mais notre pays, riche de ses spécificités et de ses atouts, peut clairement prendre une longueur d'avance et accroître en la tranformant sa compétitivité s'il prend de façon anticipée et offensive le virage de l'économie du quaternaire.

Conforter la dynamique de nos PME

Nos PME sont sous-capitalisées, isolées, frappées de plein fouet par la multiplicité des guichets, soumises le plus souvent au même traitement que les très grandes et, au fond, entreprises « assez peu choyées » par notre collectif. Notre démographie d'entreprises fait clairement apparaître un déficit important de PME qui peinent à se développer et dont moins de la moitié franchissent le cap des 5 ans d'existence.

Il faut réagir en mettant en place un *Small Business Act* à la française permettant un accès réel des PME aux marchés publics. Il faut organiser une concertation avec nos organismes bancaires et financiers pour qu'ils réinvestissent une part de l'épargne qu'ils collectent, dans les PME

Il faut en outre créer des instruments financiers permettant aux PME françaises de réorganiser complètement leur outil de production par des financement à très long terme avec une franchise de remboursement de trois ans et la garantie par l'État sur les mêmes principes que les prêts à taux zéro d'accession à la propriété.

Les PME bénéficieront naturellement des réformes sur les taxes sur l'emploi que j'ai evoquées plus haut.

II. PLAN D'ACTION POUR LA FORMATION

Objectif 100 % de qualifiés

Ce sujet est à lui seul central puisqu'il concerne à la fois le socle républicain, l'égalité des chances, l'appartenance à une communauté de destin, et qu'il est la source de toute performance économique et sociale. Il est la préparation de l'avenir de toute notre jeunesse.

C'est la richesse la plus précieuse d'un peuple et la plus indispensable au dynamisme et à l'innovation économique. La meilleure relance économique est évidemment la relance par la qualification. La croissance durable d'un pays est le résultat du nombre d'heures travaillées et qualifiées effectuées pendant une année. Or, notre moteur de croissance ne fonctionne qu'avec les trois quarts d'une tranche d'âge qualifiée. L'atout décisif de la France en Europe, qui s'appelle « le bon maintien de sa démographie », n'a de sens que si, en contrepartie, il s'agit d'une démographie qualifiée.

Tout n'est pas à rejeter, loin s'en faut. Notre système a réussi des mutations importantes comme la massification de l'enseignement supérieur. Il est riche de grandes diversités, d'acteurs et de filières. Il bénéficie, de plus, d'un corps d'enseignants et de formateurs solides et de qualité.

Pourtant, depuis vingt ans, quelques indicateurs sont alarmants.

L'accès à la formation professionnelle privilégie les plus diplômés ;

La formation professionnelle est très peu orientée sur les jeunes ;

Les « sortants précoces » – 50 000 par an – représentent 6 % d'une génération ;

Entre 150 000 jeunes, chiffre couramment admis, et 190 000, selon le dernier rapport de Jacques Delors, quittent le système éducatif sans réelle qualification.

100 000 sortent « déclassés » de l'université ne trouvant un emploi qu'après un temps d'adaptation long, d'autres ne parvenant quasiment jamais à s'intégrer.

C'est donc au total plus de 25 % des jeunes qui se retrouvent en réalité sans formation adaptée.

Une littérature abondante est consacrée à nos difficultés, notamment la trop grande homogénéisation des filières dites supérieures et le risque de calcification, l'assèchement de la pleine capacité à former des scientifiques, et la quasi-absence de passerelles entre les différentes filières.

Pourtant, nous consacrons des moyens importants à l'ensemble du dispositif éducation/qualification : 4,2 % du PIB pour le primaire et le secondaire, seule la Suède fait mieux en Europe. La formation professionnelle représente 23 milliards d'euros, sans tenir compte des financements de l'apprentissage et des grandes écoles.

L'université française en revanche dispose de moyens inférieurs à la moyenne européenne avec 7 210 euros par étudiant et 10 890 euros par étudiant d'IUT. Cependant, si on inclut la part consacrée à la formation par alternance dans l'enseignement supérieur, des élèves des classes préparatoires et des grandes écoles, le total global de la France est dans la moyenne européenne. Faut-il l'augmenter ? Probablement, mais pas sans avoir diagnostiqué la réalité du mal français dans ce domaine, afin d'affecter les ressources, les redéploiements, à la bonne action et au bon endroit.

Deux constats s'imposent : le premier concerne notre concept même de qualification et d'emploi. Nous avons longtemps privilégié le bloc formation puis le bloc emploi, plutôt que l'alternance, alors que la rapidité des mutations économiques et des savoir-faire doit nous inciter à valoriser des périodes alliant des temps théoriques et des temps pratiques dans l'entreprise ou le service public.

L'alternance en Allemagne, c'est 1 600 000 apprentis, pour 300 000 en France en 2003. Avec le plan de cohésion sociale, nous sommes passés à plus de 400 000 apprentis aujourd'hui. L'apprentissage et l'alternance produisent des résultats spectaculaires sur l'emploi des jeunes. La professionnalisation des études supérieures et la création des universités des métiers vont dans le même sens.

Le deuxième constat est l'extraordinaire diversité de nos filières de formation : enseignement public, enseignement privé, universités, formation professionnelle organisée au niveau de la branche mais financée par des fonds gérés par les partenaires sociaux, formation professionnelle de la compétence des régions, direction générale de l'emploi et de la formation professionnelle, formation des chambres de métiers, d'agriculture, des chambres de commerce et d'industrie, éducation populaire, apprentissage sous toutes ses formes, alternance dans le supérieur, Greta

(Groupement d'établissements publics locaux d'enseignement), Afpa, formation professionnelle de retour à l'emploi pilotée par les Assedic ou par l'ANPE. Nous disposons de compétences, mais là encore une mosaïque de structures, de financements et de stratégies, ont fait perdre de vue le seul enjeu qui vaille : la qualification de 100 % d'une classe d'âge. Trop de jeunes se retrouvent perdus dans les interstices des différentes formations.

Nos faiblesses sont donc principalement organisationnelles.

L'objectif de ce programme d'intérêt national est la mise en réseau des différentes formations par la création de l'Agence nationale des formations.

Cette agence regroupera les acteurs de toutes les formes de qualification, de toutes les filières, de tous les financeurs, de toutes les collectivités locales et de tous les services de l'État concernés. Ensemble, ils devront bâtir ce programme sur une idée simple : comment chacun contribue-t-il à l'objectif de 100 % de qualifiés ? Comment, par exemple, nos grandes écoles peuvent-elles y participer en augmentant, voire en doublant leurs capacités alors qu'elles disposent d'outils pédagogiques performants ? Est-il au fond pertinent que la plus prestigieuse d'entre elles ait à peine plus d'élèves qu'au moment de sa création sous la Révolution (1794, si l'on parle de l'X) ? Est-il légitime, au regard de l'objectif général de qualification du pays, que le mode de sélection soit si peu diversifié ?

Si les 65 premières écoles appartenant à la conférence des grandes écoles doublaient simplement leurs effectifs en les ouvrant, par une sélection adaptée, à l'université, ce sont 50 000 jeunes qui viendraient enrichir leurs propres capacités, établissant des passerelles en matière de recherches, d'enseignement, de modes opératoires avec les universités et les centres de recherche.

Je suis convaincu que les acteurs de la formation professionnelle, ainsi que les branches, ont les capacités de bâtir un programme de professionnalisation pour 100 000 jeunes de plus par an. C'était bien le projet de Jacques Delors en 1971.

Les passerelles entre l'apprentissage et les lycées professionnels sont indispensables quand on voit certains lycées professionnels bien équipés et animés par des professeurs de qualité en charge de classes très réduites, alors qu'à quelques encablures des centres d'apprentis sur le même secteur sont en totale surcharge.

Il faut envisager avec les entreprises françaises un taux de recrutement d'apprentis proche du taux allemand (6 %). C'est déjà la mission réussie que j'ai confiée à Henri Lachmann qui, avec sa charte sur l'apprentissage, a engagé plus de 1 500 entreprises dans l'apprentissage des jeunes.

Les équipes de cette agence, à laquelle chacune des filières, chacun des modes de financement seront évidemment parties prenantes, établiront un diagnostic commun en évitant les préjugés si nombreux dans ce domaine et surtout les incompréhensions afin de mettre en place, en mutualisant certains moyens et en augmentant ceux de l'État si nécessaire, un programme permettant d'atteindre cet objectif de 100 % de qualification.

Ce programme d'intérêt national fera apparaître des besoins financiers et humains complémentaires, mais également un effort probablement sans précédent pour l'amélioration des conditions de travail dans nos universités. L'effort de la Nation sera réellement efficace et deviendra un investissement.

L'école des savoirs fondamentaux

Plusieurs millions de personnes dans notre pays, de tout âge, et pour des raisons diverses, ne maîtrisent pas l'un des six savoirs fondamentaux : lire, écrire, compter, se servir d'Internet, connaître les règles administratives et parler une langue étrangère. Ces savoirs fondamentaux sont indispensables pour pouvoir vivre et progresser dans une société moderne. C'est un sujet de justice sociale, de mobilité professionnelle et de performance de notre économie. Trop de talents sont gâchés, trop de compétences par ailleurs acquises ne peuvent s'épanouir, trop de personnes renoncent à un emploi à cause de l'absence d'un de ces savoirs fondamentaux.

Il s'agit donc d'organiser sur tout le territoire national, en utilisant les locaux de notre système éducatif, une école du savoir pour tous, hors des périodes et des horaires scolaires, s'appuyant sur une mise en réseau de tous les acteurs locaux, d'un bénévolat large et puissant avec des encadrants professionnels, issus, s'ils le souhaitent, de l'Éducation nationale.

Ce dispositif doit être gratuit, digne, pour permettre à chacun d'avoir un véritable passeport pour la vie.

III. PLAN D'ACTION POUR L'ÉQUITÉ

Justice territoriale et Quartiers d'avenir

C'est sur ce sujet que se joue l'avenir du modèle républicain et probablement l'avenir de notre pays en tant que communauté de destin. L'objectif est clair : transformer les zones urbaines sensibles en quartiers d'avenir. Nous vivons trois logiques de ségrégation qui s'additionnent les unes aux autres. Comme je l'ai constaté à travers les visites que j'ai menées dans près de ces 700 quartiers, la ségrégation urbaine la plus évidente maintient leurs habitants dans des espaces enclavés et sous-équipés dont il est très difficile de sortir.

Cette ghettoïsation d'une partie du territoire national se caractérise par des cités « artificiellement » insérées dans un tissu urbain, repliées sur elles-mêmes, qui se vivent et sont perçues comme différentes des autres.

« Cette ségrégation urbaine conjuguée à d'autres facteurs est aujourd'hui une ségrégation socio-économique ; un revenu moyen inférieur de 30 % au revenu moyen national et un taux de chômage deux fois supérieur à la moyenne nationale et jusqu'à trois fois pour les personnes issues d'immigration. Pauvreté, précarité intriquées obèrent les perspectives et suscitent des frustrations qui nourrissent la délinquance et des actes d'incivilité. La ségrégation ethnique enfin est la moins discernable parce que la moins mesurable, c'est pourtant un phénomène qu'il ne faut pas minimiser, bloquant toute mobilité sociale ou territoriale. » (Karim Amellal, écrivain, et Alexandre Kateb, économiste).

Six enjeux se jouent dans cette bataille pour la justice territoriale.

Un vrai risque pour la République

La caractéristique la plus perceptible de ce phénomène dans notre pays est sa brutalité territoriale ; toutes les données – taux de chômage, résultats scolaires, composition de la population – changent en deux ou trois rues. Ce sujet est crucial pour six raisons.

Une grande partie de la jeunesse de notre pays se trouve là. Le taux des moins de vingt-cinq ans est deux fois plus élevé que sur le reste du territoire. Laisser cette jeunesse à ce point décrocher, en marge de la République, est un crime contre l'esprit. Un pays est fort de sa jeunesse, de son énergie. La croissance durable ne peut pas se passer d'elle.

La richesse de la diversité s'y trouve également parce que ces quartiers sont des terres d'innovation, de modernité, d'imagination.

La République, au risque d'en être fragilisée, ne peut se satisfaire de voir ces quartiers, ces cités pourtant si solidaires, développer de façon autarcique parfois leur propre culture, leurs propres règles du jeu, leur propre économie, en marge des règles les plus élémentaires.

Ces quartiers constituent un enjeu pour l'enfance parce qu'il s'y vit une crise de l'enfance. D'un côté, des enfants et des jeunes livrés à eux-mêmes, de l'autre, des parents et trop souvent des mères seules, à bout. Très tôt, certains comportements peuvent devenir différents. Nous sommes face à une enfance en danger, terreau de tous les risques. Il est des enfants entre huit et quatorze ans, vivant sans aucun repère, indifférents au sens de la vie et de la mort, à la souffrance, au bien et au mal.

Il n'est pas acceptable que certains territoires « quittent » la République, que le taux d'échec dans tous les domaines soit à ce point différent d'ailleurs. Mais ce serait une erreur de penser que ce malaise ne concerne que ces quartiers car il affecte en réalité toute la cité. C'est un enjeu que doit relever notre pacte républicain. Les Français ont une conscience trop empreinte d'égalité des chances pour accepter au fond de leur cœur, au fond de leur être, qu'il y ait tant d'écarts entre des quartiers où les enfants ont un avenir et ceux où ils reçoivent « la rage » en lieu et place des diplômes.

Ces quartiers constituent un enjeu pour l'identité française et notre communauté de destin. En laissant se transformer une crise sociale en une crise communautaire qui n'a pas lieu d'être, nous sommes en train de porter un coup terrible à l'identité de notre État-nation. Qui ne voit se creuser la méfiance, voire l'hostilité, entre les différentes origines vivant sur cette terre qui a fait sien le droit du sol qui fonde notre État-nation ! Qui ne voit l'amalgame entre l'immigration et la diversité ! Qui ne voit que nous sommes dans le refoulement, l'impossibilité même de dire les mots. Or, tous ces nationaux de droit et de fait, tous ces jeunes ont soif d'avenir, de progrès, de francité.

Ce sujet est commun à l'Europe du Nord même s'il trouve une expression particulière en France. Le vrai péril serait que les extrêmes parviennent à nous faire croire à la nécessité d'en appeler à un nouveau Charles Martel. Nous devons au contraire tout simplement agir résolument, vite et fort, en nous appuyant sur des solidarités exceptionnelles que l'on discerne mal mais qui sont importantes et puissantes, et puis, sur notre cœur, notre philosophie et nos racines politiques, notre histoire, enfin, la laïcité. Cependant, rien n'est réellement faisable sans que soit gagnée la bataille contre cette triple ségrégation.

Situation actuelle et plan de bataille

Le drame s'est noué il y a plus de trente ans quand se sont conjugués plusieurs événements, étalés dans le temps et indépendants les uns des autres.

La conception même des Zup, sous l'emprise de l'idéologie de la Charte d'Athènes, le couplage des cités et d'une mono-industrie sur le modèle « Chanteloup-les-Vignes, Simca », le choix humain et légitime du regroupement familial, sans un dispositif d'accueil et d'accompagnement réel comme si, de fait, ces personnes étaient de passage, en sont les causes principales, nous le savons, ce constat ayant été fait maintes fois.

Toutes les tentatives pour y répondre ont échoué parce qu'elles sont fondées sur une erreur de méthode et sur un malentendu.

L'erreur de méthode d'abord. Face à un tel problème d'habitat et d'urbanisme, une telle crise sociale et la concentration géographique d'une population à la fois pleine de rêves et en même temps sous le choc de plusieurs cultures, nous n'avons utilisé que des moyens conventionnels, à savoir les mêmes que partout ailleurs augmentés de 5 ou 10 %.

Et puis un malentendu terrible. À force d'annoncer en permanence des moyens supplémentaires même insuffisants, on a créé une frustration dans ces quartiers qui voyaient si peu venir à eux la République, mais également une énorme incompréhension dans le reste du pays qui pensait en toute bonne foi que des moyens massifs avaient été mis en place.

Changer de méthode – Changer d'échelle

J'ai confiance dans notre capacité à résoudre le problème de la ségrégation urbaine grâce au programme national de rénovation urbaine. Mais si celui-ci est un préalable, il ne peut pas tout et une course contre la montre est engagée.

Un plan d'accompagnement, massif, de cette rénovation urbaine, c'est-à-dire un véritable plan de justice sociale territoriale est aujourd'hui indispensable. En partenariat et avec tous les acteurs, selon la même méthode, il doit comprendre six programmes d'intérêt national.

1. Mettre fin à l'inégalité entre les villes pauvres et les autres, d'une manière générale entre les collectivités pauvres et les autres

Il nous faut mettre un terme à cette anomalie républicaine qui consiste à accepter qu'il y ait des villes qui disposent de très peu de ressources et d'autres qui soient franchement riches.

De surcroît et en général, ce sont ces mêmes villes pauvres qui ont en général le plus besoin de soutien social, d'équipements publics d'un service public local performant. Or le constat est accablant : les ressources financières, assises pour l'essentiel sur la taxe d'habitation et la taxe professionnelle, créent des disparités de un à dix. Ces disparités sont inacceptables et ne font pas honneur à notre pays.

Le mouvement de décentralisation, enclenché il y a 25 ans, en transférant aux collectivités locales d'importantes responsabilités, parce qu'elles sont au plus proche du terrain, a creusé l'écart entre les territoires qui ont un espoir et ceux qui n'en ont pas. L'idée selon laquelle c'est l'honneur de la démocratie locale de fixer et prélever les impôts sous prétexte que cela permet de distinguer les bons gestionnaires qui baissent la fiscalité, des mauvais qui l'augmentent, est, convenons-en, une vaste blague.

Malgré la grande considération que mérite la ville de Puteaux, l'aisance de son budget tient d'abord à l'existence du quartier de la Défense, l'une des plus grandes puissances financières du pays bâtie au nom de l'aménagement du territoire.

Décentraliser de façon massive le financement de l'action sociale comme par exemple le RMI, sans réorganiser la solidarité, c'est contrevenir aux règles les plus élémentaires de la logique. Et c'est ainsi que nous acceptons, au nom de je ne sais quel principe, que l'on paie dix fois plus d'impôts locaux dans une ville que dans une autre !

Ainsi, sans trop se méprendre, on peut quasiment corréler les communes où on paie le plus d'impôts et celles où règne la plus grande pauvreté, donc le plus grand besoin d'action collective.

Nous avons fait un pas, il y a deux ans, en réformant la dotation de solidarité urbaine et en transférant 600 millions d'euros aux communes qui en avaient le plus besoin.

Cela permet à des villes comme Montfermeil, Clichy-sous-Bois ou Évry de toucher entre cinq et dix millions d'euros de plus par an. Mais, pour aussi nécessaire qu'elle soit, cette disposition est encore insuffisante, d'autant qu'elle est étalée sur cinq ans.

Il convient dès 2008 de tripler l'ampleur de cette réforme et de transférer au titre de l'équité territoriale 1,2 milliard d'euros complémentaires sur une période de trois ans. Cette réforme devra concentrer ces moyens nouveaux sur les communes ayant ces quartiers en grande difficulté, en les accompagnant.

2. Reconnaître tous les talents

Un autre défi est essentiel : l'aération de nos filières de recrutement aujourd'hui calcifiées. Ceci est vrai des grands postes, qu'ils soient publics ou privés.

Il n'est pas acceptable qu'un modèle intellectuel et social soit à ce point dominant dans notre pays. Le Massachusetts Institute of Technology, le fameux MIT, Harvard, pour ne citer que ces deux prestigieuses universités américaines, prennent en compte certains potentiels intellectuels mais aussi d'autres, moins académiques, qui reflètent la diversité des talents sans que cela ne les empêche de caracoler en tête des palmarès mondiaux des universités. En revanche, en France, si vous n'incarnez pas le profil du parfait littéraire ou du parfait conceptuel mathématique, qu'il soit ou non associé à d'autres qualités, vous n'entrerez dans aucune des filières les plus prestigieuses. Il est indispensable de créer une voie d'excellence alternative dans les grandes écoles françaises.

Nous devons proposer en partenariat avec toutes les grandes écoles françaises un taux d'élèves recrutés de manière alternative et notamment des jeunes issus des quartiers en difficulté.

Il est en outre indispensable d'offrir une telle voie pour les grands corps de l'État par la création d'une École nationale supérieure où seront recrutés, sur concours, 2 000 candidats par an présentant des qualités diverses. Ce concours se ferait sur la base de tests universels démontrant des capacités d'analyse, de raisonnement, de *leadership*, d'adaptabilité, de ténacité, de maîtrise de soi. Ces élèves admis au concours seront immédiatement pris en charge par la collectivité nationale au même titre que les études de l'Éna, et bénéficieront à la sortie de l'École de l'accès direct aux corps de catégorie A des trois fonctions publiques.

Cette École supérieure dispensera les formations polyvalentes indispensables à l'exercice de la responsabilité : droit public, citoyenneté, finance, marketing, urbanisme, gestion des conflits.

La scolarité de deux ans s'appuiera, par convention, sur les meilleures organisations pédagogiques existant sur notre territoire national.

Cette École s'adressera exclusivement aux jeunes des quartiers, du moins pendant une période de rattrapage de dix ans. Nous y disposons en effet de personnalités extrêmement fortes, ayant souvent exercé des responsabilités importantes dans le tissu associatif, et qui font souvent preuve de *leadership*, de charisme, d'une grande intelligence, d'ouverture d'esprit.

Je pense notamment à ces bénévoles, ces salariés d'associations, ces travailleurs sociaux, ces médiateurs qui méritent que la République les honore et qui seront des ferments de dynamisme et de diversité dans nos fonctions publiques. Certains jeunes diplômés, à l'évidence, partiront dans le privé car la caractéristique de leur recrutement et la qualité de leur formation en feront des acteurs incontournables, mais il faut que l'entrée dans la catégorie A des fonctions publiques leur soit garantie.

Un grand préfet doit posséder bien sûr la connaissance des rouages administratifs et des finances publiques, mais il doit pouvoir montrer aussi d'autres qualités : une tête bien faite, des nerfs d'acier, du *leadership*. Je pense que de grands leaders syndicaux ont dirigé brillamment des préfectures, à l'exemple de Jacques Chérèque qui fut un grand préfet en charge du redéploiement industriel auprès du préfet de Lorraine, puis ministre délégué, après avoir été un haut responsable syndical.

Plutôt que de recourir à ce type de nomination au compte-gouttes sous le seul angle symbolique, créons une véritable filière de haut niveau avec une formation polyvalente qui donne accès à tout ce qui est actuellement interdit par la « pensée standardisée » des élites. Le privé s'arracherait ces diplômés. Cette nouvelle filière est indispensable pour le brassage social et la démocratie, et constituera un réel message de reconnaissance et d'espoir pour nos quartiers !

3. Un soutien plus affiché aux associations

La remise à niveau proposée des finances publiques des « villes pauvres » que j'évoquais plus haut engendrera une forte amélioration des financements en faveur des associations.

Toutefois, afin qu'une remise à plat leur permette de travailler sereinement, il est indispensable, et indépendamment des augmentations de subventions habituelles, que l'État leur accorde une aide exceptionnelle, dès 2008, d'une année d'avance de subvention, pour leur donner une véritable lisibilité d'action.

4. Un « coup de rein » exceptionnel en matière d'emploi

Je propose une mesure exceptionnelle que nos compatriotes comprendront car elle est provisoire et se justifie par la logique de rattrapage qui doit guider notre action politique. Nous ne pouvons pas accepter qu'il y ait un tel écart entre le taux de chômage des jeunes en général, des jeunes des quartiers en particulier, et celui du reste de la population.

Aussi, en attendant que les autres mesures globales aient produit leurs effets, et pendant une période de trois ans, un « plan Marshall » de 250 000 contrats de professionnalisation financés par l'État seront réservés aux jeunes de nos quartiers.

Ces contrats de professionnalisation seront, pour un tiers, dans le public et, pour deux tiers, dans le privé. Ils suivront les mêmes règles que les contrats de professionnalisation classique, soit une rémunération indexée sur le Smic et une obligation de formation. Leur durée sera d'un an en moyenne. Leur transformation en CDI fera l'objet d'une exonération totale de charges compensée par l'État pendant deux ans.

Parallèlement, pour accompagner cet effort massif de l'État, il est impératif que toutes les personnes publiques et privées de notre pays intègrent dans un délai d'un an des personnes originaires de zones urbaines sensibles à hauteur d'au moins 3 % de leur effectif total ou de leur masse salariale.

Cela nécessitera une large concertation avec tous les partenaires, notamment les partenaires sociaux, une organisation détaillée, avec entretiens individuels et, si nécessaire, tests universels, mais aussi la mobilisation des secteurs privé et public. Ces mesures constitueront un vrai contrat de confiance républicain et susciteront une énorme levée d'espoir. Rien n'est inéluctable là encore !

5. L'école et le quartier : la mise en réseau des moyens

La mise en réseau local des moyens dans les quartiers qui connaissent un décrochage social et scolaire réel est indispensable. Certains établissements évoluent dans des réalités urbaines et sociales extrêmement éloignées les unes des autres. Quel rapport y a-t-il entre une école dans le quartier Terraillon à Bron et une autre dans le 7e arrondissement de Paris ?

C'est à l'école que se jouent ou que s'invitent toutes les problématiques d'un certain nombre de nos quartiers. C'est bien souvent aussi le dernier service public encore présent. Certains enfants décrochent très jeunes, de manière comportementale pour des motifs extérieurs à l'école, et l'Éducation nationale seule ne peut apporter une réponse à ces situations d'échec. Chaque chef d'établissement devra pouvoir, dans le cadre d'un projet d'établissement, disposer de moyens spécifiques autonomes, d'un budget propre, de façon à organiser avec l'équipe pédagogique mais aussi avec tous les intervenants extérieurs, ville, département, acteurs éducatifs sociaux et médicaux, bailleurs, associations sportives, culturelles et de toute nature, le soutien, à l'intérieur et à l'extérieur du système scolaire, de ces enfants. Il devra pouvoir recruter un ou plusieurs cadres chargés de l'organisation et de la gestion de la mise en réseau des différents soutiens.

Il faut le faire en priorité dans les 700 zones d'éducation prioritaires comprenant 5 651 écoles primaires, 874 collèges, 38 lycées généraux et technologiques ainsi que 98 lycées professionnels. Dans ces écoles, collèges et lycées, chaque chef d'établissement devra pouvoir bénéficier des équipes de réussite éducative mises en place par le plan de cohésion sociale (300 équipes sont déjà opérationnelles). Il devra en outre disposer d'un budget propre de 500 000 euros par lycée et par collège.

Certains enfants ont à ce point décroché que le soutien personnalisé mis en place peut être insuffisant. Ils sont en véritable danger. Il faut pouvoir, en accord avec les parents, leur offrir un autre système scolaire et éducatif, éloigné parfois, si nécessaire, en internat, et en mobilisant, en accord avec les grandes entreprises et les comités d'entreprises, les lieux d'accueil et d'hébergement inutilisés pendant les périodes scolaires. Il faudra prévoir un système mixte d'encadrement de haut niveau en s'appuyant, quand c'est possible, sur les réseaux associatifs extérieurs notamment sportifs et culturels. Aujourd'hui, l'exemple du dispositif « Défense deuxième chance » que nous avons créé pour les 16-20 ans est un succès incontestable. Il n'y a qu'à voir ces jeunes, souvent sans repère, retrouver le bonheur de la vie collective, du sport, de la rigueur et du succès.

6. Un programme d'aide à la parentalité

Ce doit être la priorité absolue des villes, départements, associations, Caf et de l'État.

Il est proposé, à titre expérimental et pendant trois ans, dans les zones urbaines sensibles, l'instauration de l'emploi parent, ouvert à toutes les personnes isolées touchant soit l'allocation parent isolé, soit le RMI. Cet emploi parent s'accompagne d'un contrat avec l'école, la Caf et la ville définissant les engagements nécessaires en matière d'éducation, de vie associative ou collective. Sa durée sera de trois ans et sa rémunération sera celle du Smic.

Ce programme d'intérêt national, conçu et organisé avec tous les acteurs, ne réglera peut-être pas tout mais permettra de faire face à l'essentiel. Le pays retrouvera une communauté de destin, un souffle nouveau s'installera dans ces quartiers, la délinquance sera de moins en moins imputable à des pertes de repères, à l'incivilité, à la frustration tournant à la délinquance ou attirée par la délinquance.

Il est vrai que le problème auquel nous sommes confrontés est d'une extrême gravité parce que 30 ans se sont passés. Mais en même temps, il est à notre portée. Il est difficile parce qu'il est complètement concentré et territorialisé. Les obstacles liés à sa mise en place ne manqueront pas et il faudra faire preuve de ténacité. Nous pouvons réussir ; le Plan de rénovation urbaine est en marche. La baisse du chômage dans ces quartiers a été de 20 % cette année mais le chemin reste encore long. Je crois vraiment qu'il en va de l'identité de notre État-nation, de notre République, de nos destins communs et de notre pays.

Ne laissons pas une crise sociale devenir une crise d'identité !

IV. PLAN D'ACTION POUR LE LOGEMENT

Un logement pour tous, moins cher

C'est une cause nationale car une crise du logement provoque pour nos concitoyens huit crises du mal de vivre qui s'additionnent les unes aux autres.

- Une crise du pouvoir d'achat.

Produire deux fois moins de logements que ne l'exige la situation de notre pays, comme ce fut le cas entre 1981 et 2001, provoque du fait même de la rareté des biens une pression insoutenable sur les prix. Les hausses de loyers enregistrées depuis vingt ans ont constitué la plus grande attaque sur le pouvoir d'achat des ménages français en atteignant toutes les catégories sociales de notre pays. La crise du logement a amputé de plus de 20 % le pouvoir d'achat de nos compatriotes.

- Une crise du parcours résidentiel.

La rareté rend difficile le passage de la location à l'accession sociale à la propriété ou l'inverse. La rareté bloque tout. Cela explique en partie l'impossibilité de sortir du parc HLM au profit d'autres modes de logements, bloquant toute rotation dans ce parc pour de nouveaux entrants éventuels.

- Une crise familiale et éducative.

La rareté augmente les coûts, empêchant de choisir un logement adapté à la taille de sa famille, à la décohabitation, aux familles recomposées. Tout le monde connaît la corrélation entre la disqualification de l'habitat et l'échec scolaire.

- Une crise sociale grave et une crise de la dignité.

Lorsque ce système est à ce point embolisé, ce sont les plus fragiles – ceux qui connaissent à un moment un accident de la vie – qui ne trouvent plus de toit. Sur les 30 000 places en CHRS (Centres d'hébergement et de réeinsertion sociale), plus de 10 000 résidents pouvant accéder théoriquement à un logement social traditionnel s'en trouvent en pratique empêchés du seul fait de sa rareté. Ce sont bien 10 000 places qui manquent dans ces structures d'accompagnement et de soutien, rejetant vers des hôtels ou carrément à la rue les plus fragiles d'entre nous. C'est ainsi que 9 000 chambres d'hôtel à Paris sont pour l'essentiel financées par la puissance publique, faisant les beaux jours de quelques marchands de sommeil.

- Une crise des finances publiques.

La rareté et l'explosion des loyers obligent l'État à subventionnés ces populations. Les aides au logement versées chaque année sont passées, en dix ans, de 6 à 13 milliards d'euros, accompagnant mécaniquement l'explosion des loyers, sans compter le 1,2 milliard d'euros finançant les hébergements d'urgence.

Nous avons trop longtemps financé, de manière massive, la précarité. Il convient maintenant de financer la stabilité d'un habitat digne et décent. Le programme d'intérêt national, en augmentant l'offre, entraînera une baisse des loyers et donc mécaniquement des dépenses publiques.

- Une crise de l'emploi.

« Quand le bâtiment va, tout va » dit un vieil adage ; c'est toujours vrai ! Le secteur de la construction est l'un des plus sensibles à l'emploi. L'emploi dans le bâtiment à proprement parler entraîne derrière lui une trentaine de filières, de l'architecture au *design*, de la plasturgie aux fluides, des géomètres à la domotique et aux nouvelles technologies énergétiques. À un emploi dans le bâtiment correspond au moins un emploi indirect. Ce secteur a créé 150 000 emplois directs les trois dernières années et probablement au moins autant en emplois indirects.

La croissance de ce secteur est aussi un facteur d'amélioration de l'ensemble des comptes publics de la nation.

Au-delà, une crise du logement contribue également à une crise de l'emploi de manière plus insidieuse car elle rend extraordinairement difficile la mobilité professionnelle. Déménager, retrouver un logement aux mêmes conditions économiques, est aujourd'hui une gageure.

- Une crise du découragement.

La rareté est telle, le déséquilibre entre l'offre et la demande est si patent, que la relation entre propriétaire et locataire s'est évidemment déséquilibrée, les demandes de garanties, de cautions de toute sorte étant devenues pour leur part inacceptables.

- Une crise écologique.

La qualité du logement a un impact direct sur nos besoins énergétiques et l'effet de serre. De mauvais choix, une mauvaise isolation, un mauvais entretien sont évidemment catastrophiques dans ce domaine. Le logement et le transport sont les deux principaux facteurs de pollution dans notre pays. De plus, une performance écologique en ce domaine réduira considérablement les charges inhérentes au logement qui peuvent atteindre 50 % du prix des loyers dans le parc public social et 20 % dans le parc privé.

Diagnostic

Nous le voyons, le logement constitue bien un enjeu capital pour notre pays.

Disons les choses simplement : lorsque l'Abbé Pierre lance son appel en 1954, la France produit 200 000 logements par an et ne cesse d'augmenter cette production pour atteindre près de 600 000 logements à la fin des années 70. À compter de cette date et pendant 20 ans, nous avons produit 280 000 logements par an en moyenne pour un besoin qui se situait au minimum à

400 000, conduisant ainsi à un déficit cumulé de l'ordre de deux millions de logements.

Pendant longtemps, personne n'a vraiment pris la mesure de ce qui arrivait, puis d'aucuns ont expliqué que cette crise était imputable tout à la fois au prix du pétrole qui avait augmenté le coût des matériaux, aux entreprises qui n'arrivaient pas à recruter, aux locataires, aux propriétaires, aux maires, à l'État, aux HLM, au prix du foncier, sans que jamais ne soit vraiment faite une analyse des causes qui avaient conduit notre pays à cette impasse majeure.

Pourtant, force est de constater que nous bénéficions d'une des densités de population les plus faibles d'Europe, de bons architectes et de bons entrepreneurs. Il n'y a aucune raison que l'habitat ne soit pas l'un des fleurons de l'art de vivre en France. Il faut donc faire l'effort d'analyser plus avant les causes, sans faux fuyant.

La construction de logements répond aux comportements et aux décisions d'une multitude d'acteurs : les mairies, les agglomérations, les départements, les régions parfois pour le foncier, les offices HLM, les SA d'HLM, l'État, les organismes publics et parapublics, les promoteurs, les financeurs classiques, les collecteurs du Livret A, la Caisse des dépôts et consignations, les partenaires sociaux qui gèrent le « 1 % logement », les associations qui gèrent du patrimoine et font de l'accompagnement social, les propriétaires, les locataires, les citoyens eux-mêmes.

Les outils d'intervention sont divers et multiples : fiscalités nationale, régionale ou locale, opération d'intérêt national, délégation d'aide à la pierre, outils financiers, nature, durée et bonification des prêts, outil juridique, urbanisme, outil de solvabilisation à l'image des APL, les aides personnalisées au logement.

Il est absolument clair que la multiplicité des acteurs, des procédures et des financements exige concertation et objectifs communs partagés.

Un exemple : le doublement, puis le triplement des logements sociaux s'imposaient. Pour ce faire, un comité de pilotage a été mis en place dès 2003 rassemblant tous les bailleurs sociaux, les villes, les partenaires sociaux qui gèrent le financement du logement social, la Caisse des dépôts, les services de l'État (équipement, logement, finances). Il s'agissait de sortir enfin du « jeu de rôle » habituel consistant à rendre l'autre responsable de l'échec, et d'étudier méthodiquement, pendant des mois, comment chacun pouvait contribuer au succès de l'entreprise, les besoins et moyens de toute nature dont il devait disposer de façon à réussir ce pari collectif.

Deux lois, des modifications réglementaires et fiscales, des engagements sur la durée des uns et des autres, des baisses de taux, des allègements de prêts ont été décidés ; une convention partenariale signée par tous a défini les objectifs et les obligations mutuelles que nous nous étions fixé en commun. Un comité de suivi mensuel a été mis en place dans chaque département pour suivre l'état d'avancement, accélérer, regrouper, débloquer, développer certaines situations. Le pari collectif a été réussi sans que chacun n'ait à abdiquer son rôle et sa fonction.

C'est un programme de légitimités partagées. La France du partenariat prouve qu'elle sait être efficace.

Créer l'Office national pour l'habitat

Il faut poursuivre cet effort et aller encore plus loin. C'est la raison pour laquelle je propose la création de l'Office national de l'habitat composé de tous les acteurs directs et indirects, collectivités locales, famille HLM, associations de propriétaires, associations de locataires, financeurs publics et financeurs privés, promoteurs sociaux et promoteurs privés, État, partenaires sociaux du 1 %, Caisse des dépôts et consignations et l'Agence nationale de l'habitat.

D'ores et déjà, une petite révolution est en marche depuis quelques jours : la caution publique pour les logements est en place. Il faudra la généraliser et développer de manière extrêmement rapide la garantie universelle contre le risque locatif, financée par l'État et votée en janvier 2007. Ce dispositif permet à un propriétaire louant un appartement à une personne en CDD, intérim, demandeur d'emploi ou jeune, d'obtenir une garantie totale de paiement du loyer, dès le premier impayé et jusqu'à remise à disposition du bien.

Ce système permettra de mettre fin à l'inflation des cautions et des garanties. Il permettra également de mettre un terme à la vacance des logements due à l'inquiétude et à la méfiance des propriétaires. L'enjeu est considérable : ce ne sont pas moins de 600 000 logements qui vont être ainsi remis sur le marché. Après un an de travail entre les partenaires sociaux, l'UNPI (Union nationale de la propriété immobilière), les assureurs et les différents services de l'État, ce dispositif a été rendu possible par deux lois. Le premier bail garanti étant signé, il est impératif que l'Office assure sa généralisation sur tout le territoire national afin qu'il rentre le plus vite possible dans la pratique.

Cette révolution partenariale va considérablement augmenter l'offre. La rapidité de la diffusion de ce nouveau contrat est très importante.

D'autres objectifs devront être fixés à l'Office national pour l'habitat.

- Produire 500 000 logements nouveaux par an pendant cinq ans, dont au moins 150 000 logements sociaux de grande qualité, écologiques et universels car conçus pour tous les handicaps.

- Tripler l'accession sociale à la propriété par des offres nouvelles permettant que le remboursement ne soit pas sensiblement supérieur au loyer, dans la poursuite de l'action que j'ai déjà engagée.

- Permettre aux bailleurs sociaux de s'engager résolument dans l'accession sociale à la propriété pour près de 20 % de leur parc sur 10 ans, en mobilisant directement l'APL et par la mise en place de dispositifs de financement fondés sur l'acquisition par achat différé.

- Permettre aux collectivités locales de bénéficier d'une partie substantielle de la plus-value liée à la transformation d'un terrain en terrain constructible.

- Mettre en place dans chaque commune une place pour 1 000 habitants et de véritables Maisons relais d'accueil pour des personnes en grande fragilité.

- Baisser le coût des charges de 20 % par une action concertée entre tous les acteurs, y compris l'Ademe (Agence de l'environnement de la maîtrise de l'énergie) et les fournisseurs d'énergie.

- Analyser les blocages, les mesures complémentaires à prendre, pour que chacun des acteurs soit plus opérationnel dans l'offre de logements de qualité, comme cela a été fait par l'allongement de la durée des prêts de la Caisse des dépôts, la TVA à 5,5 % dans certaines zones, la dissociation du foncier et du bâti (achat en deux temps), le partage de la plus-value pour la constructibilité des terrains, l'exonération de la taxe sur le foncier bâti.

- Piloter la réflexion sur un programme spécifique à l'Île-de-France. Celle-ci connaît une situation très particulière liée en partie à l'absence d'une gouvernance publique opérationnelle collective. La région, les départements, les villes, l'État et tous les autres acteurs doivent organiser, sous une forme ou sous une autre, comme par exemple à travers un syndicat mixte, un outil opérationnel et non pas de simple planification. L'éclatement des acteurs, des pouvoirs, des financements et des processus de décisions est en Île-de-France inquiétant puisque les collectivités ne disposent pas, à l'instar du reste de la France, d'une grande agglomération qui peut assurer le *leadership* en la matière.
- Décloisonner l'information entre les différents acteurs et organiser l'action de l'Office de telle manière que chaque filière et chaque mode d'accès au logement puisse réussir les objectifs fixés. À ce titre, un tableau de bord trimestriel, bassin par bassin, sera instauré pour permettre le suivi des objectifs.

Compte tenu des premiers résultats obtenus depuis trois ans – augmentation de 50 % de la production de logements et de 100 % de celle de logements sociaux – ce programme d'intérêt national peut et doit réussir dans un délai compris entre trois et cinq ans. Il permettra à tous nos concitoyens de sortir des huit crises sous-jacentes à la crise du logement, il améliorera leur pouvoir d'achat de 20 %, leur parcours résidentiel, leur mobilité professionnelle, l'emploi et la qualité de vie.

* * *

Je n'ai pas eu la prétention d'esquisser l'ensemble des sujets de la société française, pas plus d'ailleurs que de développer chacun des thèmes ni l'ensemble des actions à entreprendre.

Je me suis contenté, comme l'horloger, d'analyser un dérèglement du mécanisme et son inadaptation à la nouvelle architecture des pouvoirs de notre pays.

Comme le disait dernièrement le politologue Philippe Delmas, « il y a quatre cents ans l'État français a fait le choix de devenir absolu, il a décidé de faire jugement sur tous les sujets. Ce faisant, il s'est engagé à assumer la société en entier : son quotidien jusque dans les moindres détails, mais aussi ses valeurs, ses projets et même ses règles. Il y est parvenu pendant plusieurs siècles. C'est la raison de cette relation si particulière des Français avec l'État. »

Mais en quarante ans, la France a changé, son organigramme du pouvoir s'est profondément modifié. Elle a besoin d'une nouvelle conception de l'action publique et que soient définis des défis clairs fondant un projet collectif, simple, identifié, mobilisateur, enthousiasmant. C'est possible car cela ne dépend que de nous.

Cela exigera une permanence dans l'action.

Cela nécessitera une évolution de la pratique gouvernementale. La logique du partenariat exige que les ministres en charge aient une « durée de vie », de responsabilité, d'action et de décision, de cinq ans. Plus que toute autre, cette méthode exige de la stabilité, de la visibilité, de la durée, car l'essentiel se fera par un pacte de confiance avec tous les partenaires, le parlement, les collectivités locales, les partenaires sociaux...

Cela exigera, en outre, de ne créer aucune dépense publique

complémentaire ou aucune réduction de recettes avant que ces quatre programmes vitaux d'intérêt national n'aient été pour l'essentiel décidés et que les investissements éventuels n'aient été précisés. Le principe même des programmes partenariaux est fondé sur la coordination de l'action et la mutualisation de moyens existants, pour réussir un objectif défini en commun, car c'est bien de là que viendra l'augmentation décisive de l'efficience. Pour l'essentiel, ces programmes créent de la richesse collective et ne sont pas fondés sur l'*a priori* de l'augmentation des dépenses. Toutefois, cela peut-être vrai dans certains cas et pour qu'il n'y ait aucun biais dans le raisonnement, dans l'élaboration de ces programmes, et qu'on ne parle pas des contraintes mais des objectifs, il est indispensable de les gager sur les 40 milliards de participation de l'État dans les entreprises cotées qui pourraient utilement être cédés à la Caisse des dépôts et consignations, organisme public sous contrôle du parlement.

Enfin, le président de la République devra mobiliser la Nation sur ces défis essentiels et emporter la conviction de tous les Français et de tous les acteurs. Il ne s'agit pas de mettre en cause quiconque ni de regarder le passé, mais de rassembler tous les responsables du pays pour mettre en mouvement en même temps tous ces talents dispersés. Impartial, il conduira la France, une société de confiance et de partenariat en concentrant les moyens humains et financiers sur ces objectifs clairs et assumés publiquement.

Qualifier tous les jeunes, offrir un logement décent à nos concitoyens, aller vers le plein emploi, réduire le temps partiel subi, augmenter le pouvoir d'achat, établir l'équité républicaine et rétablir l'identité dans une communauté de destin, doter la

France d'une stratégie de croissance et d'avenir, c'est un projet de quinquennat, c'est un projet politique : une patrie d'avenir, un grand pays pour chacun de ses enfants.

Ce sont les raisons de mon engagement aujourd'hui.

Deuxième partie

Entretiens avec Gérard Leclerc

Politique : les idées et les hommes

La politique est en crise. Les syndromes sont multiples : progression de l'abstention et des partis extrêmes qui, en 2002, ont totalisé autant de voix que les partis de gouvernement, rejet du traité constitutionnel européen, mauvaise image des politiques considérés comme corrompus pour 66 % des Français selon un récent sondage. Devons-nous parler de révolte, d'incompréhension, de malentendus ?

Je me méfie des discours généraux. J'affirme que nos élus sont honnêtes, dévoués et plutôt angoissés de ne pas être à la hauteur de leur mission pour la très grande majorité d'entre eux.

Personnellement, et très sincèrement, je me promène, je vais dans les quartiers, je discute avec les gens qui me font part de leurs inquiétudes et de leurs espoirs. Je les sens à la fois désabusés et en très grande attente.

Les Français éprouvent plusieurs sentiments profonds et parfois contradictoires. D'une façon générale, ils reprochent à ceux qui les ont gouvernés de ne pas avoir assez préparé l'avenir. Ils gardent en mémoire le souvenir des Trente Glorieuses, de la fin de la guerre jusqu'en 1976. Il existait alors un sentiment d'unité nationale, de communauté de destin autour de la reconstruction du pays, avec cette idée que demain serait meilleur qu'hier.

Une deuxième période trentenaire, 1976-2006, lui a succédé. Notre génération a commencé à « taper » dans le capital et à gérer le système pour elle-même. Elle a relativement peu investi dans la formation et la préparation de l'avenir, tout en creusant des déficits publics, sociaux ou écologiques. Même si la France n'est pas la seule à avoir agi de la sorte.

Les Français comprennent d'autant moins la faiblesse des réponses sur les piliers fondamentaux qu'ils ont par ailleurs parfaitement conscience que dans d'autres domaines des progrès considérables ont été accomplis.

Le citoyen demande à ce qu'un service public fonctionne, et il se trouve confronté à des services publics nombreux mais dont la dispersion nuit à leur efficacité. Et il a de surcroît le sentiment un peu coupable que nous avons hypothéqué le futur, faute de nous être adaptés suffisamment vite.

Un deuxième phénomène s'ajoute, que nous avons déjà évoqué : comme la France n'a pas su transformer en force positive les différentes cultures qui vivent sur son sol, elle se retrouve aujourd'hui face à une somme de microterritoires qui nous interrogent sur l'identité française. Et cela d'autant plus qu'au niveau supérieur s'est développée une identité européenne mal définie, non approfondie, et perçue comme essentiellement économique et libre-échangiste.

Perte de l'identité nationale et interpellation sur la non préparation de l'avenir, même si chacun d'entre nous a une part de responsabilité, il n'est pas illogique que les citoyens en veuillent d'abord à leurs élus. Vivre ensemble, constituer une Nation, comme le disait Renan, c'est « avoir fait de grandes choses ensemble et vouloir faire ensemble de grandes choses ».

On parle souvent de « monde politique » ou de « classe politique ». Cela correspond-il à une réalité, comme semble l'illustrer le nombre des énarques au gouvernement, et la surreprésentation au parlement des professions libérales (médecins et avocats) à droite, et des fonctionnaires, notamment des enseignants, à gauche ?

Qu'on le veuille ou non, le scrutin uninominal à deux tours, par sa nature même, ne favorise pas la diversité, l'audace ni le renouvellement. La France a opté pour un système moins aéré, mais garantissant des majorités claires. Nous vivons avec le traumatisme de l'instabilité institutionnelle, hérité de la IVe République. Nous avons échangé une stabilité institutionnelle, présidence de la République et parlement, contre une instabilité gouvernementale préjudiciable au bon fonctionnement de l'État et plus généralement à la conduite de l'action publique.

Comment peut-on imaginer travailler dans la durée, dans la sérénité, dans la crédibilité, alors que nous avons connu au cours de ce quinquennat quatre ministres des Finances et trois ministres de l'Éducation nationale ? La durée moyenne d'un ministre des Finances ces dix dernières années a été inférieure à quinze mois. Quelle organisation, publique ou privée, peut sincèrement agir en profondeur avec une telle instabilité des équipes dirigeantes ?

Il est crucial qu'un gouvernement, en tous les cas pour les postes clés, soit pressenti longtemps à l'avance, que les futurs ministres puissent s'y préparer, élaborer leurs stratégies, les proposer au chef du gouvernement, avoir le temps de choisir des hommes avec des profils à la fois divers et aux expériences multiples. Un gouvernement doit être nommé pour la durée du mandat, sauf faute professionnelle ou inflexion politique majeure. La crédibilité de Gordon Brown aux Finances en Grande-Bretagne est aussi liée à sa longévité.

Comment mener à bien une politique sans la stabilité des acteurs gouvernementaux et de leurs cabinets ? Ceux-ci doivent travailler, c'est-à-dire créer un climat de confiance, passer des conventions et développer des projets communs, avec toute une série de partenaires. Plus que toute autre, l'action publique a besoin de durée, de ténacité, d'une stratégie claire, puisque sa vocation première est de mettre en mouvement tous les autres acteurs.

Comment déverrouiller le système ? Faut-il agir sur le cumul des mandats, la parité, le mode de scrutin ?

Je suis favorable à l'introduction de la proportionnelle à hauteur de 30 % des députés élus à l'Assemblée, afin de mieux traduire la diversité politique française.

Nous sommes assez formatés et globalement représentatifs d'une catégorie particulière de Français : des actifs, ayant fait des études, sachant s'exprimer en public et appartenant au même milieu socio-culturel.

Si nous n'introduisons pas une part de proportionnelle pour intégrer des personnalités profondément différentes, l'aspect uniforme de la représentation politique deviendra de plus en plus insupportable à nos concitoyens. Dans une commune, le conseil municipal est beaucoup plus représentatif de la réalité du corps électoral. De plus, des sensibilités politiques réelles et significatives ne participent pas aux débats parlementaires.

Quant à la limitation du cumul des mandats, la décentralisation y pousse. On ne peut pas être parlementaire sur un texte de loi pendant un mois jusqu'à trois heures du matin et en même temps maire d'une ville. C'est tout simplement impossible. De plus, le nouveau rôle nécessaire du « Parlement arbitre » oblige à l'absence de tout conflit d'intérêt intellectuel et de vision entre la spécificité locale et l'intérêt général.

Les Français ont des soupçons sur le train de vie des politiques. Fait-on fortune en politique ?

Non, ce n'est objectivement pas la réalité. Les élus français ne sont pas, et de très loin, les mieux dotés d'Europe. Je pense notamment aux maires et aux 650 500 élus locaux totalement dévoués à nos concitoyens.

Nous assistons à une « peopleisation » de la vie politique : unes et photos dans des magazines comme Paris-Match et Voici, participations à des émissions de divertissement… Vous-même êtes directement concerné, avec votre épouse Béatrice Schönberg. Comment le vivez-vous ? L'exposition de la vie privée des responsables politiques est-elle une évolution normale dans une société de transparence et qui s'américanise ?

Personne n'y est contraint. Vous ne m'avez jamais vu poser pour des magazines. Concernant notre couple, nous n'avons été ennuyés que par des photos « volées » et qui ont toujours fait l'objet de procès.

Pour ma part, j'ai tout fait pour éviter tout risque de « peopleisation » et je n'ai jamais ouvert mon cercle d'intimité. Pas un événement public, pas une cérémonie, pas une inauguration où je sois apparu en couple ! Le secret et la discrétion en toute circonstance.

Mais au-delà de ce phénomène il y a tout simplement la question de l'action visible. Il est nécessaire de communiquer, certes de manière factuelle, dans le cadre de votre action. Force est de constater que, dans l'action elle-même, la visibilité accordée à un homme politique fait parfois aussi partie du poids politique dont il est crédité et donc d'une certaine manière de l'autorité qu'on lui reconnaît ; être strictement invisible est dans ce cas-là un handicap.

Si j'avais démarré la rénovation urbaine avec mon poids politique d'aujourd'hui, le programme aurait gagné un an et demi. Ma capacité de persuasion est plus forte qu'il y a quatre ans auprès de mes partenaires. Il m'a fallu deux ans pour m'imposer. Et en même temps, un sondeur est venu me voir récemment pour me montrer un « qualitatif ». C'étaient des phrases spontanées de personnes interrogées. En gros, ça donnait : « Borloo, c'est le maire de Valenciennes qui s'est occupé des logements, qui a rénové les quartiers et fait venir Toyota. » Au plan national, les appréciations sont à peu près les mêmes : « C'est celui qui a construit les logements, a mis en place la rénovation urbaine et est responsable de la politique de l'emploi, il se donne du mal, il est proche de nos préoccupations. » Ensuite ils jugent les résultats plus ou moins bons. Mais ça se termine toujours par : « Les politiques ne le laisseront pas complètement agir » et « il doit travailler, puisqu'on ne le voit pas à la télévision ! »

L'image en politique est donc un sujet très complexe. Nous avons besoin de « poids visible » pour faire avancer les dossiers, mais, en étant trop sur le devant de la scène, nous sommes soupçonnés de ne rien faire ! Et à juste titre, parce que communiquer prend beaucoup de temps. D'une façon générale, j'estime qu'un minimum de réserve sied au service de l'État.

Ségolène Royal mène sa campagne sur le thème de la démocratie participative, avec des jurys de citoyens. La démarche vous paraît-elle intéressante, ou relève-t-elle du « populisme » ?

Le risque de verser dans le populisme est élevé surtout lorsqu'il s'agit d'arguments de campagne.

En revanche, au plan local, la concertation est obligatoire. À Valenciennes, j'ai mis en place des conseils municipaux intégralement télévisés avec un système interactif. Et dès 1989, j'ai instauré 11 comités de quartiers.

Le mandat donné à un maire, à un député ou à un gouvernement ne consiste pas à ne revoir les électeurs qu'au bout de cinq ou six ans.

La démocratie participative s'organise et obéit à des règles. Ce n'est pas du « spontanéisme » et ce ne peut pas être une simple mise en scène. Nous avons besoin d'une vision. L'écoute permet de l'élargir mais, à un moment donné, il faut une cohérence qui ne peut pas être la somme des visions individuelles.

Dans une société où la technocratie semble parfois, aux dires de certains, prendre le pas sur les idéologies, le clivage gauche-droite a-t-il encore un sens ? Que signifie-t-il aujourd'hui pour vous?

Le sujet est difficile. J'observe que sur les grands dossiers comme le logement, les quartiers, la formation ou l'emploi, l'affrontement oppose ceux qui veulent garder le système actuel, et ceux qui veulent le changer, les progressistes et les conservateurs ou plutôt ceux qui défendent des chapelles et des fiefs, et les autres.

L'argument ultime des conservateurs est toujours le même : « Ce n'est pas possible parce qu'on ne l'a pas fait ! », ou bien « ça ne va pas marcher puisque ça n'existe pas ! » On me l'a servi pour les services à la personne, sans qu'il repose sur une analyse objective et rationnelle de l'évolution de la société.

Sur un certain nombre de sujets, nous pouvons parvenir à une forme d'union sacrée opérationnelle, sans tomber dans la confusion des genres. Elle s'est déjà vérifiée sur deux ou trois programmes que nous avons lancés. L'Agence nationale pour la rénovation urbaine sera sanctuarisée.

La gauche et la droite seraient donc à front renversé dans l'action politique ?

Je constate que la gauche a plus de facilité pour privatiser ou vendre des participations de l'État et supprimer la vignette automobile qui est un impôt juste où les grosses cylindrées paient davantage que les petites.

La gauche s'est empêtrée dans le logement social. Les années noires du logement social ont été sous la gauche, les belles années se sont celles de Chirac, et Périssol !

À l'inverse, Dominique Strauss-Kahn et Laurent Fabius ont contribué fortement à libéraliser l'économie.

Mais y a-t-il fondamentalement une vision différente de la société et du monde, suivant qu'on appartient à la droite ou à la gauche ?

En réalité, il y a plusieurs gauches et plusieurs pratiques à gauche. Il y a celle des maires qui ont en charge d'améliorer l'avenir et le quotidien de leurs concitoyens et qui, confrontés aux réalités, les assument pleinement. Mais il y a d'autres courants de gauche. Une des grandes difficultés du Parti Socialiste français tient à son ambiguïté à l'égard de l'économie de marché qu'il a du mal à assumer, même régulée et corrigée par de la justice sociale et de l'égalité des chances. Il risque à tout moment de tomber dans la facilité, soit en désignant des boucs émissaires, soit en tentant de repousser des décisions ou de différer des réformes, qui, sans être forcément douloureuses, exigent de mettre cartes sur table. Il préfère laisser croire qu'il suffit de recourir à la gratuité ou que la productivité de notre pays peut durablement s'améliorer avec la réduction imposée du temps de travail. Bref, un Parti Socialiste qui parfois utilise des raisonnements ou des slogans de l'extrême gauche la plus radicale plutôt que de rassembler les énergies positives du pays dans un véritable projet commun explicite et enthousiasmant.

Vous voulez incarner la droite sociale : est-ce réaliste, et comment la définir ?

À ce moment de ma vie, j'ai un devoir de témoignage sur ce que l'on peut et l'on doit vraiment faire. Douze années passées à Valenciennes, dans le bassin d'Europe qui avait le plus souffert de la crise, puis cinq ans dans des ministères, au cœur des difficultés, voire des échecs principaux des trente dernières années – chômage de masse, crise du logement, vie des quartiers – m'ont permis de livrer des batailles, de lancer des programmes, et de mener à bien des actions.

Quitte à paraître immodeste, je pense en retirer suffisamment de crédit auprès des Français pour pouvoir leur transmettre le message d'aller à l'essentiel, sur les quatre ou cinq grands défis que nous avons à relever. Nous devons bien les définir, puis mettre en œuvre les moyens humains et financiers nécessaires dans la durée, la stabilité, et la volonté de travailler ensemble. Ce sont les enjeux du pays pour les 20 ans qui viennent. Si nous ciblons bien ces grands défis, nous changerons la donne. Je pense pouvoir aider à les définir, c'est ma contribution : Emploi, Fonction, Équité, Logement, qui conduiront à plus de croissance et un meilleur pouvoir d'achat.

Je suis d'abord un républicain et un radical. La droite sociale est un mot simple, un identifiant. Je crois incarner aux yeux d'une majorité de Français cette droite sociale et le centre. Je crois profondément que les ressources humaines sont le moteur du pays. Je me reconnais dans l'idéal d'épanouissement individuel et d'autonomie personnelle que la politique radicale n'a jamais cessé d'incarner. La droite sociale est un humanisme, aussi bien comme philosophie que comme mode de fonctionnement. Quand je pense logement, ce n'est pas d'abord en termes de nombre d'habitations ou de mode de construction, mais en termes d'habitat et d'éducation, comme élément structurant de la personnalité. L'échec scolaire est parfois directement lié à l'habitat.

Je crois que l'homme doit être au centre de tous les projets. Si chaque citoyen reprend confiance, c'est tout le pays qui en profitera.

Le vote Le Pen se porte bien. Quelle analyse faites-vous du phénomène Le Pen ? Comment le contenir et le faire reculer ?

Nous sommes à la croisée des chemins.

L'essentiel de ce que propose Jean-Marie Le Pen n'est ni possible ni souhaitable. Surtout, il prospère sur le terrain de l'identité. Ce n'est pas un hasard si le Front national enregistre ses plus gros scores notamment dans les régions frontalières, mais pas seulement.

Je refuse la politique des boucs émissaires. Notre enjeu, au contraire, c'est de réunir toutes les forces vives de la nation sans exclure. Attention aux apparences, le fond n'a pas changé même s'il tente de communiquer autrement.

La Vᵉ République paraît à bout de souffle. Que faire des institutions : faut-il les changer ou les faire évoluer, notamment en ce qui concerne le rôle du président de la République, du premier ministre, et la revalorisation du parlement ?

Jean Jaurès disait qu' « on change les mots quand on ne peut pas changer les choses ». Les institutions ne sont pas la question centrale. En dehors de la proportionnelle, pour corriger le scrutin uninominal à deux tours et oxygéner le système, d'autres modifications sont possibles comme la simplification du travail du parlement. Mais cela relève davantage du règlement intérieur des Assemblées que d'un changement de constitution.

Dans la pratique, il faut que les partis de gouvernement s'intéressent aux ressources humaines bien avant les échéances électorales. Ils doivent préparer l'action très en amont avec de longues périodes d'écoute, puis d'élaboration d'un programme. Avec, pour les différents postes, des hommes et des femmes qui soient très tôt opérationnels. Il faut sortir de ce travers de la Vᵉ République qui veut que vous ne commenciez le plus souvent à réfléchir aux ministères, aux secrétaires d'État, aux cabinets et au millier de personnes qui vont gérer le pays qu'après l'élection. Une équipe ministérielle doit être de très haut niveau, avec le rappel de hauts fonctionnaires – des personnalités expérimentées, grognards de la République, qui ont pu mener une partie de leur carrière à l'extérieur – ainsi que de jeunes cerveaux très brillants : ce mélange est nécessaire, mais vous n'y parviendrez pas en 24 heures sur un simple claquement de doigts. Constituer et préparer son équipe à l'avance est essentiel pour établir des liens avec les autres équipes gouvernementales et surtout les différents acteurs de la société.

En dehors de cette question de pratique gouvernementale, il n'y a qu'un seul sujet institutionnel : le président de la République, puisque c'est une fonction qui est propre à la France, sans équivalent en Europe.

Avec les candidats favoris, nous avons le sentiment que le rôle du président va évoluer : un président se concentrant peut être moins sur les questions internationales, et intervenant davantage dans les affaires intérieures, plus proches des préoccupations quotidiennes des Français.

Je n'ai pas le souvenir depuis 20 ans qu'avant d'entrer en fonction les futurs présidents n'aient pas eu tous, et de bonne foi, ce souci du quotidien des Français. Une fois au pouvoir, ils évoluent. Et pour une raison simple : le rôle du président de la République est déterminé par la volonté qu'a la France, État de taille moyenne, de jouer un rôle international. C'est dans sa tradition historique, au plan intellectuel, philosophique, politique, diplomatique et militaire. C'est une donnée française, même si elle change dans ses modalités selon les périodes et la personnalité du président.

Du discours de Cancun de François Mitterrand à celui de Johannesburg de Jacques Chirac, et auparavant de De Gaulle et la Chine, il y a toujours eu une dimension particulière de la fonction présidentielle, et qui fait, me semble-t-il, consensus.

Mais cette donnée institutionnelle va-t-elle perdurer, ou est-elle susceptible d'évoluer ?

Si la France continue à vouloir jouer ce rôle international, et c'est souhaitable, il est cohérent que le président de la République soit très impliqué dans le domaine étranger, et que sur le plan intérieur il fixe le cap, choisisse les hommes et les grandes stratégies. C'est à lui que l'on rend compte.

Il y a au surplus une deuxième dimension très française de la présidence de la République : c'est le rôle particulier d'un personnage hors du commun. On revient à l'idée que le roi de France était un souverain qui n'était pas sacré par le pape mais par Dieu directement, et oint par les saintes huiles. Il était d'une essence particulière : il guérissait les écrouelles et rendait la justice !

Et ce pays latin, assez conservateur, patient et tolérant, est capable de conflictualités soudaines et d'éruptions violentes et a au fond de lui besoin d'une corde de rappel, d'un personnage qui soit au-dessus des autres et qui, quand vraiment ça va mal, soit une sorte de référence et de boussole. Assez vite, il sied d'ailleurs au président de la République de ne plus être le chef de la majorité ou de son camp. Nous n'aurons pas une autre pratique de la fonction présidentielle tant que nous n'aurons pas changé de conception sur ces deux questions : place de la France dans le monde, et rôle particulier du président en matière de cohésion nationale.

Peut-on et doit-on le faire ? Vous ne semblez ni croire ni souhaiter une modification de la fonction présidentielle.

Le candidat élu, quel qu'il soit, imposera sa personnalité, notamment les deux premières années. Un vrai changement peut s'opérer sur le choix des hommes, la durée des équipes, la façon de rendre compte plus fréquemment, ou encore faire en sorte que le conseil des ministres soit davantage un lieu de débat, qu'il y ait des conseils interministériels présidés par le président lui-même sur d'autres sujets que la Sécurité et la Défense. Les pratiques peuvent changer, mais pas les fondamentaux. Il est le gardien du bon fonctionnement des institutions.

Vous n'aviez jamais été ministre. Qu'est-ce qui vous a le plus surpris dans cette nouvelle fonction, en positif comme en négatif ?

C'est que les choses peuvent bouger assez vite et que nous avons des marges de progression considérables.

C'est surprenant d'entendre ça !

C'est encore plus surprenant de voir comment assez vite, avec des idées claires, une vraie volonté d'action, et en respectant les autres, les différents partenaires peuvent se mettre en mouvement. Les mêmes qui défendaient leurs prérogatives avant que vous ne présentiez un projet. Autour de la table, personne ne conteste la légitimité de l'État dans son champ de compétence.

Avec tous les acteurs du logement, nous avons constaté qu'il fallait tripler la production dans le secteur social. C'était urgent, c'était indispensable. Tout le monde a joué le jeu et s'est mobilisé, entre sociétés HLM, offices, régions, départements, villes, de gauche et de droite, 1 % logement, Medef, syndicats…

On est toujours surpris par le crédit que les autres institutions accordent aux représentants du gouvernement. Tous les acteurs se sont comportés comme si j'étais le véritable responsable. Et grâce à eux, je le suis devenu.

De même, lorsqu'il y a un point de blocage important dans une région, c'est souvent autour du préfet qu'il se règle. Pourtant celui-ci n'a plus les pouvoirs opérationnels qu'il avait avant la décentralisation. Il garde cette capacité d'écoute, de conciliation et d'autorité.

L'incroyable engagement des fonctionnaires de ce ministère, comme ceux de l'ANPE, m'a marqué. Une fois que les plans sont arrêtés, que la feuille de route est établie, c'est une vraie machine à remplir les engagements qui se met en marche.

C'est ce qui restera pour moi le grand souvenir de cette période, et c'est la raison pour laquelle j'affirme que servir les Français n'est pas le plus difficile.

Vos propos vont à l'encontre de l'idée reçue selon laquelle on ne peut rien faire dans ce pays, qu'il est irréformable...

Si nous remettons tous les acteurs autour de la même table avec un projet commun, en respectant la légitimité de chacun, tout change. Regardez comme nous avons mené avec les partenaires sociaux et les autres autorités responsables, la rénovation urbaine, le logement, l'emploi, les conventions de reclassement personnalisé, les contrats de transition professionnelle, le plan de services à la personne, la loi sur le dialogue social...

Il y a le pays des postures et le pays de l'action. Et nous sommes tous coupables de valoriser les postures aux dépens de l'action.

La décentralisation : dans votre livre* Un homme en colère *(Ramsay, 2005), vous vous montriez très sévère contre l'État jacobin. L'êtes-vous toujours autant ? Faut-il donner plus de pouvoir aux régions, aux départements et aux collectivités locales ?

Nous avons un problème avec la décentralisation. Je continue à penser qu'il faut donner beaucoup plus de responsabilités aux pouvoirs locaux, dans les écoles, les collèges, les lycées, les universités, les Maisons de l'emploi, mais pas forcément aux institutions... La France des responsabilités n'est pas forcément celle des organisations institutionnelles.

Il faut être attentif à ce que chacune des parties prenantes – régions, départements, villes – ne se sente pas en compétition avec les autres, dans un affrontement stérile et politicien. Nous avons un grand travail de respect républicain à opérer sur nous-mêmes, entre les différents niveaux de collectivités. Comme la décentralisation ne fait pas partie de notre histoire, et que nous sommes d'abord un État-nation, nous fonctionnons souvent par des délégations ou des transferts de compétence et de moyens budgétaires, mais sans qu'un vrai contrat ne soit passé entre l'État et les collectivités territoriales. Nous décidons que les départements gèrent le RMI, mais c'est une simple gestion financière, sans que nous nous soyons mis d'accord sur un projet et des objectifs.

Lorsque j'ai mis en place les délégations d'aide à la pierre aux collectivités qui le souhaitaient afin de construire des logements sociaux, nous avons rédigé chaque fois une convention : « Pendant 5 ans, c'est vous qui gérez en direct, mais vous vous engagez à construire tant de logements sociaux de telle catégorie, tant de logements étudiants… et on évalue ensemble tous les ans. » C'est une vraie délégation. Et du coup, tout le monde se met en marche. Si vous n'agissez pas de la sorte, la décentralisation tourne à l'affrontement : les collectivités se plaignent de ne pas recevoir assez d'argent, ou qu'on ne leur ait pas transféré les vrais pouvoirs. On entre dans une logique conflictuelle.

Il faut également une mutualisation des moyens. Pour la rénovation urbaine, nous avons centralisé le programme national et les financements en un guichet unique, car aucune ville n'avait la puissance d'impulser une telle politique. Mais l'argent, dès qu'il a été contractualisé, est redescendu au niveau local. Nous avions une vision globale, l'État a été l'ensemblier mais il ne s'est pas arrogé la compétence : toute la définition du programme local, toute la gestion des financements, de l'ingénierie et de la mise en œuvre sont demeurées strictement locales.

Quand nous mènerons le programme « Formation 100 % d'une classe d'âge », ce sera un programme national – il ne peut pas en être autrement – avec les grandes écoles et les centres d'apprentissage répartis sur tous les territoires, riches et pauvres mais les moyens seront mutualisés.

Nous continuons à raisonner de structure à structure. La nouvelle gouvernance est une gouvernance de projet sur des actions communes.

Arrêtons-nous un instant sur les hommes et les femmes politiques. En commençant par le Président Chirac.

Jacques Chirac, c'est un Chinois. Il a le sens de l'éternité, celle d'avant et celle d'après. Il est sur les grands cycles de l'humanité, des cultures et des peuples, du nomadisme, de l'art et de l'histoire. C'est sa passion, en tout cas celle du Chirac que je connais. Les grands industriels comme les grands experts de l'écologie vous expliquent que les Chinois raisonnent dans une perspective de 25 ou 30 ans. Comme eux, Jacques Chirac est dans une dimension espace-temps qui n'est pas toujours celle des rythmes des pays occidentaux.

Et puis c'est un Chinois dans la rareté de son expression. C'est un homme secret qui écoute et qui essaie de comprendre l'autre. En réalité, sa pensée est très impénétrable.

Ce n'est pas l'image que l'on a le plus communément de lui.

Je le connais au fond assez peu. Peut-être est-ce le propre du mandat de tout président de la République que de prendre de la hauteur et de la distance. Il a une grande préoccupation : l'avenir de la planète. Ce n'est pas un hasard s'il a porté les sujets écologiques mondiaux ou les financements alternatifs. Il a tendance à raisonner pour l'avenir de l'humanité, sur les tendances lourdes de l'histoire, celle des peuples et de leurs cultures. Pour autant, il aime sincèrement et profondément les Français quels qu'ils soient et il est toujours attentif à ceux qui sont dans la peine et le désarroi.

J'ai pu constater que la fracture sociale, il la porte au plus profond de lui, et son engagement pour la rénovation urbaine et la cohésion sociale a été décisif.

Dominique de Villepin ?

C'est un personnage. Son expérience de Matignon l'a fait passer du statut de quelqu'un qui aime la France, mais qui pensait que la France était une affaire qui se jouait entre les Français et lui, sans corps intermédiaires, à quelqu'un qui aime les Français autant que la France, et qui sait désormais que c'est un peuple passionné et complexe. Il aura assumé sa fonction avec autorité, engagement, ténacité, et un sens réel de la justice sociale.

Nicolas Sarkozy ?

Ses 30 années de vie politique l'ont amené à exercer des responsabilités difficiles ; il a acquis à mes yeux aujourd'hui une stature présidentielle.

Fils d'immigré de l'Est, il a passionnément choisi la France et veut la servir plus et mieux que tout autre. Pour lui, tout doit être possible, quelle que soit la couleur de la peau, l'origine sociale ou la religion.

Au ministère de l'Intérieur il a été confronté à des réalités qui l'ont impressionné au sens photographique du terme.

Je n'oublie pas qu'il est l'homme du combat contre la double peine et qu'il a œuvré à la création du CFCM (Centre français du culte musulman).

Il ne pratique pas l'esquive devant les difficultés mais tente de les surmonter en assumant les responsabilités qu'on lui confie.

Quant au personnage, j'ai appris peu à peu à le connaître, à découvrir qu'il parle parfois pour se rassurer et qu'en réalité se cache une grande capacité d'absorption et de dialogue. En passant le portail de l'Élysée, il sera la synthèse de l'autorité et de l'humanité.

François Bayrou ? Vous avez travaillé avec lui, vous avez même été son porte-parole… Que pensez-vous de son objectif de constituer un gouvernement avec des personnes de droite et de gauche ?

François Bayrou est quelqu'un d'extrêmement cultivé. Sa pensée est structurée, il a une impressionnante culture générale et un amour de la philosophie politique, de la littérature et des institutions publiques. C'est aussi un homme attaché à son terroir.

Il rêve authentiquement de changer la société, mais au fond, derrière les brillantes conjectures et les rideaux de fumées, la situation me semble assez simple. Si le second tour oppose Nicolas Sarkozy et l'UMP à Ségolène Royal, François Bayrou sera confronté à deux hypothèse. La première : son alliance traditionnelle conforme à ses 30 années d'engagement politique – élu ou soutenu sans discontinuité par la droite et le centre que ce soit au conseil général, au parlement, ou au Gouvernement d'Édouard Balladur. Ceci est en cohérence avec la situation politique de tous les responsables de l'UDF dans les villes, les régions et le parlement, mais également dans l'esprit de cette formation qu'avait initiée Valéry Giscard-d'Estaing.

L'autre hypothèse est un changement radical d'alliance, en devenant alors un allié du PS et du reste de la gauche, en rupture avec son passé et la situation de ses élus.

S'il était au second tour, et quel que soit le résultat, il serait l'élu d'un des camps et alors son obligé ou son leader.

Ségolène Royal et le phénomène qu'elle incarne ?

Elle a incarné la revanche de la gauche aux élections régionales parce qu'elle a gagné en Poitou-Charentes chez le premier ministre de l'époque. Elle aurait gagné dans une autre région, cela n'aurait pas eu le même impact.

Elle a, ce jour-là, incarné, à 22 heures 30 sur tous les écrans et avec son sourire, la revanche pour tous ceux qui en 2002 avaient mis par esprit républicain le bulletin Chirac dans l'urne alors qu'ils étaient de gauche. Et cette incarnation de la première grande victoire de l'opposition après le 21 avril rendait impossible l'irruption de tout autre prétendant au sein du Parti Socialiste.

Ségolène Royal, c'est une femme de pouvoir, qui a fait les études du pouvoir, a accédé très jeune au pouvoir, est restée dans les allées du pouvoir, vit avec un homme de pouvoir et est entourée de gens de pouvoir. En réalité, elle est un éléphant du PS ni plus ni moins !

Les autres responsables socialistes : Dominique Strauss-Kahn, Laurent Fabius ?

Ce sont des personnalités intéressantes. Fabius s'est trompé. Il pouvait incarner la social-démocratie fidèle au socialisme et empreinte du sens de l'État. Mais il s'est convaincu que sur le fond, et dans l'esprit des Français, l'Europe sous sa forme actuelle était une impasse. Seulement il n'était pas dans la peau du personnage qui peut porter ce refus de l'Europe.

On sous-estime néanmoins la dimension « Grand-Quevilly » de Laurent Fabius. Il est l'élu d'un quartier industriel et populaire dans une région qui a connu de grandes mutations. Il est imprégné de cette réalité. Mais les Français l'oublient. Son problème est la mauvaise gestion de son décalage entre Paris et Grand-Quevilly où il est élu. Fabius c'est à la fois l'un et l'autre. Les militants socialistes ne se sont pas reconnus dans ce discours d'un socialisme dur et anti-libéral. Il a été touché par une terrible injustice il y a quelques années.

Dominique Strauss-Kahn a rêvé d'une forme de synthèse entre la social-démocratie et le socialisme français, avec l'envie de dire la vérité et la complexité des choses. Mais il s'est heurté à l'incarnation de la revanche des socialistes. La place était prise depuis les élections régionales. Ségolène Royal était dans la rétine des socialistes et des Français. Ce n'est pas de chance pour Dominique Strauss-Kahn !

En ce qui vous concerne, y a-t-il des personnalités politiques qui vous ont particulièrement inspiré, ou que vous admirez ? Avez-vous des modèles au plan des idées ou de l'action ?

Je n'ai pas une filiation personnelle, mais j'ai des coups de cœur. Pour Simone Veil, ce qu'elle est, ce qu'elle a fait, et le mythe qu'elle représente, comme Robert Badinter. Jacques Delors est un européen visionnaire et pragmatique. Jacques Chirac, par sa compréhension du monde et du sens de l'histoire, m'impressionne. J'ai beaucoup de tendresse pour tous ceux qui ont une haute idée, non pas d'eux-mêmes, mais de la fonction qu'ils exercent pour le pays. Pierre Mazeaud, ancien président du Conseil constitutionnel, était un vrai parlementaire, passionné, qui honorait l'Assemblée nationale. Au fond, ceux qui se glissent complètement dans la fonction que les hasards de la vie leur ont confiée et savent qu'elle les dépasse. Ils abordent avec de la distance et de l'humour quelque chose qui ne leur appartient pas. L'orgueil y a sa place, pas la vanité.

Enfin, les maires m'impressionnent toujours par leur travail et parce qu'ils portent en eux les bonheurs contradictoires et les souffrances de leurs concitoyens.

Arrêtons-nous un peu sur vous, personnellement. Vous êtes la personnalité politique la plus populaire à droite, avec 65 % d'opinions favorables selon le dernier baromètre Ifop Paris-Match. Que faire de cette popularité ? Léon Blum disait qu'il fallait savoir la dépenser…

Ma relative popularité me fait plaisir, et en même temps je m'en méfie. Avoir 92 % de bonnes opinions à Valenciennes est une réelle satisfaction. Les gens savent pourquoi ils se sont prononcés. On ne triche pas à la tête d'une ville pendant 12 ans. Ils ont le sentiment que je me suis battu pour l'emploi, que je me suis fâché avec beaucoup de responsables quand le Valenciennois était oublié. J'ai rasé des quartiers et j'en ai reconstruit d'autres, j'ai développé le logement : ma popularité repose sur de vraies raisons.

Comme ministre, j'ai voulu agir dans le même état d'esprit et avec la même méthode. J'ai lancé des programmes de relance du logement, de la rénovation urbaine, de l'emploi, notamment des services à la personne, de la relance de l'apprentissage... Suis-je relativement populaire parce qu'il y a la perception que les dossiers dont j'avais la charge ont progressé, que j'ai fait le travail et que si même le taux de chômage reste très élevé, j'ai probablement contribué à ce que nous quittions les 11 % pour nous diriger plutôt vers les 8 % et que malgré la crise du logement persistante les gens perçoivent que l'on a doublé l'effort de construction ? La rénovation urbaine, dont on parle peu au plan national, mais beaucoup localement dans les 500 quartiers concernés, est-elle vécue positivement ? Ou bien ma popularité est-elle davantage liée à mon attitude ou à ma personnalité ? Je n'ai pas complètement la réponse.

Pour autant, je pense que les grands hommes politiques n'ont pas pour vocation à être les plus populaires. Ce n'est pas en soi une qualité majeure. Pour un élu, la popularité au cours d'une année est une chose, une autre est de savoir si, au final, les citoyens pensent avoir eu raison de vous avoir confié cette responsabilité. Un maire qui a mené des actions difficiles, structurantes et non démagogiques, en cherchant non pas la somme des intérêts particuliers mais la projection de sa ville dans l'avenir, peut très bien, fort heureusement, se faire réélire. À l'inverse, être très populaire en finançant des opérations de relations publiques n'assure pas la réélection.

Alors comment utiliser ma popularité ? Mon premier objectif reste de faire progresser les quatre chantiers auxquels je crois profondément, et sur lesquels je pense avoir acquis une réelle crédibilité.

Je pense que les Français me considèrent comme quelqu'un d'assez discret et travailleur, qui a globalement fait du bon « travail » à Valenciennes en matière de logement, d'emploi, de qualité urbaine ou de soutien aux plus fragiles. Et ils ont un peu le même sentiment pour les trois secteurs dont je me suis occupé au gouvernement.

Au-delà de ce constat, je me dis que si je devais être en charge à un niveau plus élevé qu'aujourd'hui, j'ai le devoir d'être prêt.

Vous avez la réputation d'être quelqu'un de solitaire, voire incontrôlable, un peu brouillon... Une sorte d'électron libre...

Il a bien fallu que ceux qui sont dans le moule tentent d'expliquer que je ne suis pas exactement comme eux. Ils ont pris ce qu'il y a de plus cohérent avec mon apparence, et de plus incohérent avec ce que je suis réellement. De fait, les cheveux bouclés ne sont pas plats, et il n'y a pas de raie au milieu ! Pour les bouclés, la notion de coiffure n'est pas la même que pour celui qui a les cheveux raides. Je caricature à peine.

Le reste tourne autour du fait que je ne considère pas comme une nécessité absolue de changer ma façon de vivre, mes amis ou mes attitudes parce que j'exerce provisoirement des responsabilités pour mon pays. Je n'ai pas embrassé la posture de la fonction, et ça conforte l'image que certains veulent avoir de moi. C'est d'autant plus amusant qu'elle est à l'inverse de ce que je suis, à savoir quelqu'un de tenace et d'entier, qui, quand il accède à la mairie de Valenciennes, rompt toutes ses attaches, quitte le barreau de Paris, avec à l'époque un cabinet d'avocats plutôt florissant, parce que j'estimais ne pas pouvoir mener les deux tâches en même temps.

N'importe quel député vous dira qu'entre Gérard Larcher, Catherine Vautrin, et moi, vous ne glisserez pas une feuille de papier à cigarettes. Nous travaillons collectivement, dans la joie et la bonne humeur ! Ma porte est ouverte en permanence, et je ne me comporte pas comme le ministre de tutelle qui s'approprie les bonnes nouvelles et délègue les mauvaises. S'il y a bien quelqu'un qui ne se met pas en valeur au détriment des autres, mais au contraire fait la promotion des siens, je pense être celui-là.

Comment, sans une rigueur implacable et une méthodologie éprouvée, aurais-je pu redresser Valenciennes, puis doubler la construction de logements en France, mener à bien un programme de 35 milliards de rénovation urbaine, et redresser l'emploi de ce pays ? Jamais la rue de Grenelle n'a signé autant d'accords avec les partenaires sociaux. Cela exige du respect, de l'estime de l'autre, et le sens du collectif. Ceux qui ne l'ont pas compris ressemblent à ceux qui ne voient en Gérard Larcher qu'un personnage bonhomme, tout en rondeur, alors qu'il allie la générosité à des qualités de grand scientifique, l'un des esprits les plus brillants et les plus rigoureux que j'aie jamais croisés.

Enfin, je crois avoir apporté de la stabilité au gouvernement.

Puisque nous sommes dans la caricature, parlons de votre marionnette des Guignols de Canal Plus, ou de la cible que vous êtes devenue pour les humoristes ou certains imitateurs. Comment le prenez-vous ?

Je ne me reconnais en rien dans cette marionnette.

Mais il faut bien que les humoristes apportent leur pierre au portrait. Je suis un ministre un peu connu, c'est la règle du jeu. Mes amis trouvent cela injuste, et souhaiteraient que j'affiche davantage ma vraie personnalité. Mais je fais tout pour être le plus discret possible... Il faut aussi accepter d'être brocardé. Je reste d'une façon générale assez préservé, je ne me plains pas de mon sort d'autant que j'y décèle un peu de tendresse.

D'ailleurs cette caricature de fêtard est plutôt sympathique !

Oui, mais elle est fausse.

En réalité, ce que j'aime, c'est prendre mon petit bateau, un pointu, et partir la nuit ou très tôt le matin naviguer, pêcher un peu, mais surtout traîner sur l'eau. Comme souvent les gens qui aiment la Méditerranée, je ne suis pas un bon nageur mais je me sens bien sur l'eau. Ma quête, c'est de connaître toutes les criques de la Méditerranée avant de mourir ! Je crois pouvoir dire que j'en connais beaucoup. J'aime aussi la haute montagne. J'ai participé, quand j'étais plus jeune, à des opérations de sauvetage avec les moines du Grand Saint-Bernard. J'ai fait « Chamonix-Zermatt ». Mais quand on n'arrive pas à mettre quelqu'un dans une case, et que vous n'agissez en rien dans ce sens, les gens se chargent d'en inventer une. Ils m'ont trouvé celle-là. J'ai pourtant une vie personnelle d'une discrétion absolue. Je déteste les mondanités. Je ne sors pas.

Quelques mots sur vos goûts et vos passions…

En dehors de ma fascination pour la montagne et surtout la Méditerranée – il y a là sans doute un peu d'atavisme corse – je recherche d'abord l'échange et l'affection de mes proches. J'ai conservé les mêmes amis depuis 40 ans. Je ne suis pas très à l'aise en groupe même si, plus jeune, j'ai pratiqué essentiellement des sports collectifs, notamment le rugby.

Vous avez évoqué Paris. La mairie de la capitale vous intéresse-t-elle ?

Ça pourrait être le cas, bien sûr. J'imagine un Paris qui redevienne la plus belle ville du monde, à la fois bouillonnante et rassurante, et où chacun ait sa place. J'aimerais porter le rêve parisien, et faire de Paris le laboratoire d'une France profondément positive. Il y a une réalité politique : Françoise de Panafieu, qui est aujourd'hui désignée, a des qualités et suit depuis longtemps les dossiers parisiens.

Matignon est-il un objectif ?

Matignon n'est pas un objectif en soi, ce n'est pas un poste en apesanteur, mais une mission confiée par le chef de l'État pour organiser et conduire sous son autorité et avec le soutien d'une majorité, l'action gouvernementale. C'est un poste difficile mais passionnant, si vous avez préparé réellement les grandes priorités et les grands chantiers que vous voulez absolument mener à terme.

Justement, quels grands chantiers seriez-vous prêt à mener ?

Évidemment, les programmes d'intérêt national que j'ai décrits, ainsi que l'organisation en permanence du décloisonnement, de la transparence, des actions communes entre ministères en s'assurant que chacun progresse dans ses objectifs avec les autres partenaires ; animation d'équipes, coordination, suivis précis de l'exécution.

L'élection présidentielle : certains de vos proches disent que vous y pensez depuis 1995.

Je me méfie des « proche de ». Aucun de ceux que je connais vraiment ne l'a jamais prétendu. L'idée n'aurait rien de scandaleuse mais c'est une démarche personnelle. On ne se réveille pas un matin en disant : « je pense avoir bien fait mon travail, maintenant il faut que… » Personnellement, il me manque quelques piqûres d'ego !

Vous êtes longtemps resté en marge des formations politiques, pourquoi avoir rejoint le parti radical qui est un petit parti ?

Le radicalisme a instauré la République, la laïcité, l'école obligatoire, le droit des associations en 1901, et les autres grandes lois républicaines. Il a encore joué un rôle quand il a fallu reconstruire la France de l'après-guerre. Puis son utilité est devenue moins évidente. L'affrontement politique s'est focalisé entre le communisme et l'économie de marché. Mais aujourd'hui la France doit de nouveau engager de grandes réformes décisives. Notre pays doit retrouver le sens de la République : c'est justement le fondement du radicalisme. Ce parti s'est scindé quand les institutions et le mode de scrutin l'ont obligé à choisir son camp. Certains ont rejoint la droite, d'autres la gauche. Aujourd'hui, il doit redevenir un élément structurant du jeu politique, un parti réformateur, en tout cas un pivot intellectuel pour les grandes réformes à venir. Je compte avec tous ses militants et ses élus porter haut ses valeurs et lui donner une nouvelle force.

De plus, je pense que si la culture politique française peut s'accommoder d'un parti dominant à droite, elle ne peut se résoudre à un parti quasi-unique. D'autant que la vie de courants n'appartient pas à la tradition de la droite française.

Identité et justice

À la veille du grand rendez-vous démocratique qu'est l'élection présidentielle, une question se pose, légitimement : « Où en est la France ? » Un journaliste américain, Peter Gumble de Time magazine, a récemment publié un livre au titre évocateur de* French Vertigo*. Cet observateur étranger, fin connaisseur de notre pays, décrit le malaise d'une « France de la nostalgie et de la peur ». Qu'en pensez-vous ? Cette France de 2007, comment la qualifieriez-vous ? Est-ce un pays qui s'interroge ?

Un sujet essentiel est peu abordé depuis vingt ans : c'est celui de l'identité de notre « État-nation ».

Pendant mille ans, l'histoire s'est écrite en termes de conquêtes et de dominations : Jérusalem, Cordoue, Budapest, plus généralement l'Afrique ou l'Asie... Mais aussi, du moins à certaines périodes, en termes de progrès communs, d'échanges entre ces cultures différentes et de volonté de se comprendre entre monothéismes.

Mais pour la première fois, notre pays est riche d'une diversité nouvelle de personnes partageant le même passeport, jouissant absolument des mêmes droits et pour l'éternité, tout en étant issues d'origines très diverses, de par l'apparence, la culture millénaire ou les traditions. Les Américains et les Canadiens ont dû et su relever ce défi. Et ils ont réalisé que le partage du drapeau ne se faisait pas naturellement, et qu'il fallait mettre des moyens considérables, moraux, techniques, financier, éducatifs pour réussir ce pari !

Une question d'identité donc, qu'est-ce qu'« être Français », à laquelle il n'a pas été apporté de réponse...

Absolument ! C'est d'ailleurs ma lecture du « non » au référendum. Il est commode d'affirmer que c'est un « non » aux annexes « non sociales » de la Constitution. Pour certains électeurs peut-être... Mais l'explication est trop courte ! Elle ne rend pas compte du fait que le « non » était beaucoup plus fort aux frontières qu'au centre du pays.

C'est la véritable interrogation pour chaque Français : « Quelle est l'identité de cet « État-Nation » que l'on a mis 400 ans à bâtir ? Tant que je n'ai pas la réponse, ne venez pas me parler de me fondre dans une Union européenne constituée de pays qui n'ont pas forcément ce problème d'identité et qui sont prêts à accepter des élargissements non préparés et mal maîtrisés. Parce que moi, je suis profondément inquiet sur mon identité... »

Cette question-là est refoulée depuis quinze ou vingt ans ! Les Français ont bien sûr d'autres sujets quotidiens de préoccupation, comme le chômage, le pouvoir d'achat ou le logement. Mais la question première est celle du pari que l'on peut être heureux en France, en ayant le même passeport, qu'on s'appelle Benoît, Dialo, Mohamed ou Niang... Que cette réalité soit acceptée par humanisme, par civisme ou par la prise de conscience de cette formidable richesse.

Comment expliquer que la France n'ait pas été capable de prendre en compte cette réalité et de lui apporter les réponses nécessaires ?

Au fond, la République avait globalement rempli sa mission : la « méritocratie » existe ! Tout comme la liberté de la presse, l'école pour tous. Ajoutez le lien social tissé à la fois par les associations, le Parti Communiste, l'Église... La France est le pays des Droits de l'homme, du respect. Et elle continue à jouer ce rôle sur la scène internationale. Nous avons cru que nous faisions chez nous ce que nous proclamions à l'extérieur ! Et, pendant un certain temps, nous l'avons vraiment fait, nous avions vraiment réussi.

La France est un pays qui, fondamentalement n'est pas raciste, même si l'on en trouve hélas comme partout... Mieux, c'est un pays laïque, et par nature la laïcité c'est l'égalité des chances ! Le pays avait donc apparemment tout l'arsenal pour réussir l'intégration, mais surtout l'unité nationale autour de la République.

C'est donc ce problème identitaire, dans toute sa complexité, qu'il va falloir assumer et régler dans les prochaines années ?

C'est *le* sujet français ! Nous affrontons d'autres difficultés, mais c'est le principal défi que nous devons relever : ne pas laisser une crise sociale territoriale se transformer en crise de communauté.

Face à cette réalité, que peut-on faire ?

D'abord en parler. Et puis agir massivement, et vous comprendrez mon obsession pour le programme de justice territoriale afin de ne pas laisser, je me répète et j'insiste, une crise sociale devenir une crise d'identité.

Il y a deux ans, quand j'ai institué, dans le Plan de cohésion sociale, la Halde, vous savez, la Haute autorité de lutte contre les discriminations et pour l'égalité, mais aussi la Charte de la diversité dans les entreprises, nombreux sont les chefs d'entreprises et les syndicalistes qui se récriaient : « Non, je vous assure, on peut toujours trouver quelque part des exemples condamnables… mais pas chez nous, ce problème de la discrimination n'existe pas ! » Ils étaient de bonne foi ! Or la réalité c'est qu'un Bac + 3 de l'Université d'Orsay, en logistique ou en froid industriel, issu d'un de nos quartiers et de surcroît avec un nom d'une supposée minorité visible, a beaucoup moins de chances d'accéder à l'emploi qu'un autre. Mais il y a 2 ans et demi seulement, la France niait cette réalité.

Vivre ensemble, c'est le plus grand pari du pays, c'est même la raison d'être de l'État ! Et ce pari ne se gagnera pas seulement par la loi, mais à 60 millions, par nous tous, l'État, la région, le département, la ville, les entreprises, les associations, les syndicats, les allocations familiales, l'assurance maladie, les entreprises, vous, moi… C'est évidemment *le* sujet national !

Il ne s'agit pas de tolérer l'autre, mais de le reconnaître, de l'aimer quel qu'il soit pour ce qu'il est et pour sa richesse. Qu'on dise les mots ! Il y a des Français arabes. Il y a des Français noirs. Il y a des Français asiatiques, il y a des Français blancs, bretons, ou normands. Aujourd'hui nous ne parvenons même pas à le formuler. Nous sommes dans le refoulement ! Et nous y resterons tant que nous n'arriverons pas à dire les mots et à nous poser la seule question qui compte : « L'autre, celui qui a le même passeport que moi, qui au passage d'une frontière à l'étranger est sur la même file que moi, qui, quand il revient à Roissy, n'a pas besoin de faire contrôler son passeport… Eh bien ses enfants ont-ils le même avenir que les miens ? Pourront-ils être heureux ensemble ? »

Trouve-t-on dans cette question de l'identité une explication à ce qu'on pourrait appeler « le malheur français » ?

On se réfère à l'histoire, comme expression du malaise. Mais il est en réalité devant nous, et pas derrière. On appelle l'histoire au secours de son malheur quand on a le sentiment, individuel ou collectif, de ne pas avoir d'avenir ! C'est un regard dans le rétroviseur.

Le vrai péril serait que l'extrême droite parvienne à faire croire qu'il faut recourir à un nouveau Charles Martel pour résoudre notre problème d'identité. Si certains peuvent se laisser prendre, c'est parce que nous n'avons pas su leur expliquer le véritable enjeu, le plus beau de tous : bâtir notre communauté de destin dans une France plus diverse.

La France réussirait-elle en politique étrangère ce qu'elle est incapable de faire chez elle ?

Exactement ! C'est le paradoxe ! Certains évoquent l'arrogance française. Mais demandez à Lula s'il pense qu'il y a une arrogance française, demandez aux Chinois, aux Indiens, et partout dans le monde ! Si l'on faisait un sondage dans tous les pays, je ne suis pas sûr que la France n'en sortirait pas en tête ! Mais elle est incapable de réussir chez elle le « vivre ensemble » parce qu'elle refuse d'en parler et d'en tirer les conséquences.

Elle ne veut pas admettre sa diversité dont elle ne perçoit que l'aspect négatif ?

Bien sûr ! Le jour où la France s'est opposée, dans le cadre de l'Onu, aux Américains sur l'Irak, on s'est un peu moqué quand j'ai dit sur une radio que c'était peut-être le plus beau jour pour la politique intérieure de notre pays. Il se passait quelque chose d'extraordinaire : que vous soyez d'origine asiatique, africaine, arabe, normande ou bretonne, que vous pensiez que la France aurait dû faire plus, moins ou autrement, nous étions au fond tous d'accord, nous portions le même regard sur l'humanité. Il y a eu dans les bars des moments formidables où des hommes se tapaient dans la main, en partageant la même fierté d'être français !

C'est bien la preuve que nous pouvons réussir ce pari de l'identité !

Changeons de sujet par quelques questions de société, plus larges, sur la discrimination et l'intégration. Parmi les discriminations figure celle subie par les homosexuels. Faut-il légaliser le mariage pour les couples homosexuels ?

Toutes les discriminations sont condamnables. Au sujet du mariage, c'est un sujet compliqué, mais je suis pour le mariage homosexuel. J'ai voté pour le Pacs. Je pense que la société a objectivement intérêt à « socialiser » l'amour, sans être obligé de tomber dans la célébration systématique.

Comment mieux intégrer les travailleurs étrangers qui sont installés en France ? Faut-il leur accorder le droit de vote aux élections locales ?

Ce sujet est d'abord un problème de dignité et n'a rien à voir avec l'identité. Nous avons lancé le contrat d'accueil et d'intégration pour les primo-arrivants. Le droit de vote aux élections locales existe déjà pour les ressortissants européens. Ce ne serait pas une révolution que de l'accorder aux travailleurs étrangers vivant durablement, depuis 10 ans par exemple, et payant leurs impôts en France. Ce serait même une façon de leur tendre la main. Cela relève du symbole.

Pourquoi autant de résistance ? On en parle depuis 20 ans et aucun gouvernement n'a osé le faire ?

Je ne me l'explique pas. Je pense que la communauté des élus de terrain y est favorable. Mais nous faisons comme s'il s'agissait d'une élection nationale en plus petit, alors qu'elle est d'une nature différente.

Pour ma part, j'y suis favorable sans hésitation.

Que pensez-vous de la discrimination positive, c'est-à-dire « donner plus à Mohammed qu'à Charles-Édouard » ? Est-ce une bonne solution pour favoriser l'intégration, comme le pense Nicolas Sarkozy, ou est-ce, comme le dit Dominique de Villepin, « un chemin sans issue dans un pays aussi attaché au mérite et à l'égalité » ?

Je renvoie dos à dos les tenants des deux thèses. Parlons clairement. Nous sommes confrontés à une crise sociale territoriale. Le phénomène de la discrimination a été nié pendant un quart de siècle. Nous sommes passés du déni à l'acceptation de l'existence de cette discrimination dans le logement, l'emploi, etc.

Il faut généraliser la charte de la diversité afin que tous les recrutements, dans le secteur public comme dans le privé, échappent au soupçon d'être entachés par des considérations discriminatoires.

La seconde phase est celle du label « diversité ». Les entreprises qui mènent une action volontariste contre les discriminations doivent bénéficier d'un label, comparable à une norme Iso, qui leur octroie un avantage particulier.

Mais l'essentiel reste la mise en œuvre du programme de justice sociale territoriale.

Pour lutter contre les discriminations, faut-il recourir au comptage ethnique ou au CV anonyme ?

Nous faisons une expérimentation du CV anonyme à l'ANPE de Lyon. La barrière du courrier est réelle. Faut-il le CV anonyme, ou le visiophone automatique, ou le changement des mentalités par la charte de la diversité, dont l'un des principes de base est de ne pas s'arrêter au CV ? Il faut en tout cas trouver le moyen pour que chacun puisse expliquer qui il est et faire valoir ses qualités.

Pour favoriser l'intégration et la mixité sociale, le service civique est-il un bon outil ?

On y trouve deux idées : celle d'une contrepartie que vous devez à la collectivité et celle du brassage dans une activité commune, pour renforcer l'appartenance à une même communauté de destins.

J'y suis franchement favorable, à condition que le deuxième objectif soit atteint. On ne pourra pas y parvenir avec le seul service dans la Défense nationale. Deux types d'activités sont possibles : tout ce qui a trait à la sécurité civile et à la projection à l'étranger, dans l'humanitaire ou l'écologie, avec des structures fortes et organisées. Il ne s'agit pas « d'aller faire un tour » dans l'association d'à côté. Dans tous les cas, je suis partisan d'un passage obligatoire d'un mois dans ce qui était autrefois la période des classes de l'armée. Elle permet de réaliser une réorientation professionnelle et de régler certaines lacunes sur les problèmes de santé. Après, seulement, le jeune partirait pendant 4 ou 5 mois dans un service civil, en France, ou humanitaire et écologique sur la planète entière.

Parlons maintenant de la justice. Les Français doutent de leur justice. Le drame d'Outreau, et d'autres affaires, ont accru un sentiment de défiance entre les Français et leur justice, accusée tour à tour d'être trop laxiste ou aveugle. Comment rétablir la confiance ?

La justice est un service public qui n'est pas tout à fait comme les autres. La perception de son bon ou de son mauvais fonctionnement est un fondement de la démocratie.

Si une société a le sentiment que la justice n'est pas bien rendue, la tentation naturelle de chacun est de se faire justice soi-même : on entre dans un débat pervers qui est la légitimation du droit à la force, à défaut de la force du droit : « je règle mes problèmes moi-même ».

La justice transcende le corps social. Elle s'applique à tous, y compris aux gouvernants. Au cours de notre histoire, les relations entre le pouvoir et la justice ont été compliquées. Sous la monarchie, il y a eu longtemps confusion entre justice et parlement, avec l'idée d'un contre-pouvoir à l'autorité royale qui rendait directement la justice. Quand on parle de justice libre et indépendante, on pense : « libre et indépendante par rapport au pouvoir en place ».

Autre caractéristique, nous sommes héritiers d'une justice inquisitoire et non pas accusatoire, avec une place particulière faite à l'aveu.

Le casier judiciaire, qui est le code génétique ou prétendu tel de chaque justiciable, est en totale contradiction avec l'idée que la justice étant rendue et la faute payée, l'absolution est acquise, et que l'on repart libre. Avec le casier, la dette n'est jamais tout à fait payée. Et cette dimension inquisitoriale, dans le sens moral et catholique du terme, est très présente dans la justice française. C'est toute la logique de l'aveu, supérieur à la preuve, avec son corollaire qui est l'intime conviction.

Tout projet de réforme de la justice concerne souvent la procédure et jamais l'organisation du service public de la justice.

Or, 60 % des actes de justice relèvent de la régulation, sur des sujets de la vie quotidienne. Ils ne nécessitent pas l'intervention d'un juge, dont le rôle est d'apprécier deux thèses différentes, ce qui nécessite un travail préalable approfondi, des enquêtes, des éléments de preuves et parfois une instruction. À l'inverse, obtenir un délai de paiement sur un loyer, régler un conflit entre propriétaire et locataire, arbitrer un désaccord commercial ou avec des consommateurs, devraient pouvoir être gérés par des instances de régulation spécifiques.

Il y a à l'évidence une réflexion à mener pour séparer ce qui ressort de l'acte de jugement, qu'il soit civil, commercial ou pénal, donc du système judiciaire, et ce qui ressort de la régulation qui est appelée à se développer dans une société moderne et par nature normée.

C'est la médiation mise en œuvre par les Canadiens. Vous construisez un logement qui ne correspond pas aux normes 84W au mètre carré. Il vaut mieux trouver des systèmes de régulation territoriaux plutôt que de lancer la machine judiciaire.

Le divorce par consentement mutuel, et en fait quasi automatique, a désengorgé la justice, même si le magistrat est toujours là à la fin pour entériner la décision et vérifier que chaque partie était libre dans son expression.

Deuxième difficulté, la justice est un acte compliqué qui réclame des moyens extérieurs importants. Le magistrat doit être le patron d'une logistique qu'on appelle ailleurs les moyens d'appui.

Dans l'art militaire, c'est tout ce qui est derrière le combattant de première ligne. La première décision à prendre, c'est de confier à chaque chef de juridiction une enveloppe de un ou deux millions d'euros par an, libre de toute affectation, pour améliorer l'accueil du public, la bureautique, le recrutement de contractuels pour aider le justiciable etc. Le Premier président de la Cour de cassation m'expliquait que, pour éviter que les gens attendent d'interminables heures une audience, il faut gérer des agendas et disposer de personnels pour accueillir les justiciables.

Or aujourd'hui, les moyens logistiques et humains, les horaires de travail, sont traités au niveau national. C'est le ministère de la Justice qui gère directement ses bâtiments. Ce sont les magistrats de la Chancellerie qui s'occupent de l'informatique avec des programmes qui, il y a quelques années, ont été de véritables fiascos, avec de multiples *bugs*.

Il faut lancer un grand programme, très humble dans son inspiration, pour améliorer les moyens matériels des magistrats et l'accès à l'information des justiciables. Mais nous préférons les réformes de fond à l'optimisation de l'organisation.

La France doit pouvoir améliorer à hauteur de 25 % ou de 30 % la performance de son service public de la justice. Elle ne peut pas avoir, à la fois, l'un des plus faibles taux de magistrats rapporté à la population en Europe et des moyens d'appui absolument ridicules.

Il n'existe pas une institution en France où l'acteur principal, à savoir le magistrat, ait aussi peu de capacités autonomes d'organisation. Nous discutons là de lignes budgétaires qui ne dépasseraient pas 150 millions d'euros par an, donc très faibles, et qui seraient directement affectées au fonctionnement local.

Chaque juridiction est une véritable entreprise aussi complexe à faire fonctionner qu'un hôpital. Elle doit avoir un vrai responsable. Est-ce le procureur, le président du tribunal ou de la cour d'appel ? C'est aux magistrats de le décider. Et qu'on leur demande avant toute réforme conceptuelle – c'est un travail de six mois – leurs besoins en organisation, en responsabilité et en autonomie pour améliorer leurs propres services.

Autre question, qui n'est pas la moins urgente : construire une grande famille de la justice avec à son sommet une Cour suprême. Aujourd'hui, la justice est encombrée d'affaires pour lesquelles le tribunal administratif est saisi ; puis on soulève l'incompétence pour aller devant le tribunal civil ; il y a aussi le tribunal des conflits qui arbitre entre la justice administrative et la justice civile. Tout cela provoque une immense déperdition d'énergie. Pourquoi faut-il un arrêt faisant jurisprudence pour déterminer si un véhicule de La Poste qui a eu un accident relève du tribunal administratif ou du tribunal civil ? Le dossier a entretenu la chronique des années 70 avec des décisions qui se sont étalées sur 15 ans.

Simplifions, gardons les justices paritaires qui fonctionnent . prud'hommes, commerce, baux ruraux. Pour le civil et l'administratif, je ne vois pas pourquoi il n'y aurait pas qu'une seule justice avec une Cour suprême qui juge en dernier ressort toutes les affaires.

Je crois de plus qu'il est utile et salutaire d'étendre l'échevinage. C'est un dispositif mixte, avec un président de tribunal appartenant à l'ordre judiciaire et deux citoyens formés à l'acte de jugement, et qui participent à la décision de justice.

L'échevinage existe dans beaucoup de pays, notamment en Allemagne mais aussi en Alsace-Lorraine, outre-mer et dans le Pas-de-Calais, pour des raisons historiques. Il oblige à la confrontation et à un débat, et ça fonctionne bien. Après tout, la Cour d'assises est elle aussi présidée par un magistrat professionnel avec des jurés tirés au sort. Certes, la règle n'est pas tout à fait la même mais on retrouve le principe de la mixité entre magistrats et représentants de la société civile. Les magistrats ont tout à y gagner : l'échevinage conforte l'échange avec la société, c'est un surcroît de légitimité et de compréhension du territoire dans laquelle ils exercent. Il soulage enfin le goulot d'étranglement qui est la conséquence du trop faible nombre de magistrats, un nombre qu'il faut du reste augmenter. Nous sommes sur des chiffres tellement faibles que les faire progresser d'un tiers ne représenterait que quelques milliers de postes.

Le service public de la justice doit intégrer la spécificité des territoires. Il n'est pas soutenable que les moyens donnés à Bobigny soient du même ordre de grandeur que ceux affectés au Tribunal d'Angers. La dureté et la complexité de certains territoires exigent des moyens logistiques en nombre de magistrats, en mode d'organisation, avec possibilité d'avoir des traducteurs, d'une toute autre nature que dans d'autres juridictions. Nous continuons pour la justice à raisonner comme pour les zones d'éducation prioritaires : nous donnons un tout petit plus de moyens, mais rien qui, finalement, permette de changer la donne.

La justice doit enfin développer des peines alternatives et organiser la sortie de l'incarcération. Il faut pour un certain nombre de condamnés alléger les dispositifs de sécurité et développer des centres de formation et de qualification complémentaires, de façon à ce que la sortie du prisonnier soit préparée et ait une chance de réussir.

Vous n'avez pas évoqué le juge d'instruction qui a été au centre de nombreuses polémiques, notamment dans l'affaire d'Outreau. Faut-il le maintenir dans sa solitude, ou organiser la collégialité ?

Nous sommes toujours sur le même débat : à moyens constants, rien n'est possible. Je veux bien multiplier les juges et les instances d'appel. Mais commençons par faire tourner notre système. Je crains qu'une fois encore nous ne fassions l'inverse, pour nous donner bonne conscience. Le premier impératif est que les magistrats puissent travailler dans de bonnes conditions d'organisation et de sérénité ; et qu'il y ait une gestion interne des ressources humaines.

Le doyen des juges d'instruction et le président de la juridiction doivent faire un point tous les mois sur les dossiers, sans donner d'instruction à un jeune juge mais en lui demandant : « Où en es-tu, est-ce que tu penses que… As-tu réfléchi à… Attention à la parole de… Peut-être que… Comment peut-on t'aider… » Bref, un échange, comme les enseignants font entre eux des réunions d'équipes pédagogiques pour parler des élèves. Le combat de l'autonomie du juge est devenu celui pour son isolement. Les magistrats doivent échanger entre eux. Tout sujet à juger est d'une extraordinaire complexité. L'enrichissement par l'expérience des collègues qui exercent les mêmes fonctions et sont tenus par le même secret professionnel devrait être organisé de manière régulière, tous les mois ou toutes les semaines. À force de vouloir être indépendants, les juges se sont isolés. L'échange n'est pas la tradition de la justice française. Vous pouvez mettre trois degrés de juridictions de plus pour l'incarcération, avec un juge des libertés ou une chambre d'incarcération, ce sont des niveaux de recours qui, loin de favoriser la discussion, induisent soit d'aller contre la décision d'un collègue, soit de l'approuver. Une passivité extrême ou une violence extrême, l'accord ou le désaveu dans le même couloir. C'est très difficile à vivre professionnellement.

Il faut sortir les juges de leur terrible isolement, peut-être un peu contre leur gré et faire en sorte que ce soit vécu comme le respect absolu de leur conscience. Dans les cabinets d'avocats, il y a 20 ans, le plus ancien organisait la revue des cases tous les trois mois : les dossiers étaient dans des cases, on les sortait, et on regardait où en était chacun. Ça ne remettait pas en cause la légitimité de l'avocat qui plaidait le dossier examiné mais ça permettait d'échanger, de discuter, d'éviter les délais, les retours, les problèmes de procédure. Chacun s'enrichit de l'expérience des autres.

Les juges le font de façon informelle mais pas assez systématiquement. Il faut créer par tribunal une forme de communauté judiciaire, avec ses règles et sa déontologie.

Nicolas Sarkozy veut instituer des nouveaux droits opposables permettant aux citoyens de se prévaloir en justice pour faire reconnaître un droit à l'hébergement, à la garde d'enfants ou à la prise en charge de la dépendance.

Je suis d'accord à la condition qu'on ne transforme pas la justice en instance de régulation sociale. La justice a besoin de temps longs pour apprécier, peser, analyser une situation, avant que le magistrat ne juge en fonction des règles du droit. Nous avons transféré sur la justice une grande partie des régulations : infraction au code de la route, retard de loyer, délai de paiement pour une transaction commerciale, conflits sociaux ici ou là… On a judiciarisé à tort un certain nombre d'actions qui aujourd'hui encombrent la justice. Je préfère que l'on recoure chaque fois que c'est possible à la médiation. Prenons les discriminations : je m'honore d'avoir créé la Halde, la Haute autorité de lutte contre les discriminations et pour l'égalité, qui est une instance de régulation. Avant, la discrimination était une infraction. Saisir le juge, dans la complexité judiciaire, alors qu'il n'y avait pas d'élément de preuve, était difficile. On a créé une instance spécifique qui a pour vocation d'analyser et de quantifier l'infraction, de proposer des sanctions et, quand il faut aller devant le juge, de préparer les éléments de preuve pour que ce dernier n'ait plus qu'à juger. Nous avons considérablement réduit la charge de la justice tout en laissant au juge l'acte de jugement définitif.

Notre modèle social

Chômage, déficits, endettement, accroissement des inégalités : Certains comme Nicolas Sarkozy dressent le constat de faillite du modèle social français. Il faudrait entièrement le repenser ou le changer. D'autres, y compris à droite, le défendent : pour Jacques Chirac, loin d'être dépassé, notre pacte social est bien vivant. Qu'en pensez-vous : le modèle social français est-il dépassé, ou faut-il simplement l'aménager ou le moderniser ?

Je vous laisse la responsabilité de vos affirmations. Quant à la question elle-même : la France a, depuis longtemps, choisi un modèle fondé sur l'idée républicaine qu'un certain nombre de dépenses ne devaient pas relever directement de l'individu mais de la mutualisation collective des moyens. Ce sont l'éducation, la santé, la protection sociale, le retraite, la formation professionnelle et les minima sociaux. D'autres modèles existent faisant porter sur l'individu, et de manière directe, le financement de l'accès à ces services.

Globalement, ce modèle me convient même si nous pouvons bouger le curseur à la marge. Notre vrai problème, c'est de le faire fonctionner réellement. Il marche mieux quand nous construisons 500 000 logements par an plutôt que 250 000 et si ces logements sont confortables, écologiques et universels. Le même raisonnement vaut pour l'emploi. Le modèle français, c'est en partie l'assurance chômage, mais il n'est pas interdit de faire travailler ensemble tous les acteurs du retour à l'emploi. La vérité, vous la connaissez : le nombre incalculable des opérateurs légitimes et l'absence de définition d'objectifs communs. Il me paraît indispensable que les objectifs et la gestion d'un certain nombre d'organismes sociaux fassent l'objet d'un débat public.

Le modèle social français ressemble à un énorme cargo de moins en moins rapide et performant, poussé par un certain nombre de forces non coordonnées, lui-même devenant du coup moins rapide et performant car nous nous sommes peu préoccupés du moteur, du carénage et de la direction. Ce n'est pas lui-même qui est en cause mais sa gouvernance, par des légitimités différentes qui s'ignorent.

Le dialogue social est à la peine en France. Une nouvelle loi prévoit qu'aucun projet en matière sociale ne vienne au

parlement sans que les partenaires sociaux ne soient consultés sur son contenu, et qu'aucune modification du Code du travail ne soit possible sans négociations entre les syndicats et le patronat. Est-ce la grande réforme qui relancera le dialogue social ?

Je crois à des réformes radicales en matière d'organisation, de gouvernance par objectifs et de partenariat pour adapter le système aux évolutions et le rendre toujours plus performant. Toutes les organisations, entreprises, administrations, associations, s'ajustent en permanence aux changements de la société. La loi qui organise le dialogue social datait, elle, de 1966. Ce nouveau texte est important et dit simplement : « Rencontrons-nous tous les ans pour examiner les préoccupations des uns et des autres, et sur un sujet qui concerne les salariés français, prévenons les syndicats, voyons s'ils veulent négocier, dans le cas contraire discutons avec eux avant de prendre nos responsabilités. » La démarche est calquée sur des pratiques européennes, et elle me paraît aller de soi : c'est de « l'hygiène sociale »! Le gouvernement ne doit pas rencontrer les organisations syndicales seulement en période de conflits.

Mais le dialogue social ne paraît pas naturel en France…

Les partenaires sociaux eux-mêmes ont parfois du mal à établir un diagnostic partagé sur un sujet. Or c'est essentiel. Ils y sont parvenus sur les retraites, même si les réponses à apporter par les uns et les autres différaient. Mais sur beaucoup d'autres thèmes, comme le contrat de travail et la compétitivité, le temps de travail ou l'ajustement des effectifs d'une entreprise, le consensus sur le diagnostic est difficile. Quand les syndicats allemands trouvent un accord avec le patronat d'une industrie pour augmenter la durée du travail sans hausse de salaire, en échange du maintien des emplois, ils partagent la même analyse de fond du contexte économique. En France, les entreprises estiment que le temps de travail à coût constant est insuffisant, les syndicats pensent l'inverse.

Faut-il y voir le résultat de pesanteurs idéologiques, historiques, et d'une conception différente de la société ?

L'histoire sociale française a été profondément marquée par les luttes ouvrières. Le temps de travail est assimilé à des conditions pénibles. Le patronat, historiquement dominé par l'industrie, avait l'habitude de gérer de manière massive les ressources humaines.

Le dialogue social et le paritarisme s'exercent dans une deuxième sphère, celle de la gestion des protections sociales. Une masse de flux financiers considérables – surtout si on les rapporte au nombre de leurs adhérents – a été déléguée aux partenaires sociaux. Leur champ d'intervention est immense, non seulement sur la sécurité sociale, mais aussi sur l'emploi, la formation professionnelle, le 1 % logement… Or, les partenaires sociaux sont inquiets du risque de remise en cause de leurs prérogatives et, pour se protéger, dialoguent assez peu avec les autres acteurs concernés que ce soit l'État, la région, la ville ou différents organismes. La vraie révolution de la démocratie sociale est là : une communication permanente entre les partenaires sociaux et les différents opérateurs, autour d'objectifs communs. Je connais les partenaires sociaux, la qualité de leurs dirigeants, leur niveau d'analyse de situations complexes, leur patriotisme et leur engagement ; je suis convaincu de notre capacité à établir des projets partenariaux et d'intérêt national dans le respect mutuel.

La question se pose du critère de représentativité des syndicats. Un arrêté du Ministre Granval de 1966 reconnaît 5 organisations : la CGT, la CFDT, FO, la CFTC et la CFE-CGC, ce qui leur donne le droit de négocier des accords collectifs et de désigner des représentants syndicaux dans les entreprises et des candidats au premier tour des élections. Faut-il ajouter un autre critère, les résultats aux élections professionnelles par exemple ?

Augmenter la légitimité syndicale par l'élection me paraît une absolue nécessité. Aux partenaires sociaux de déterminer en fonction de quel scrutin. Il faut seulement veiller à ce que certaines organisations qui sont davantage implantées dans le public ou dans le privé, et qui participent à l'équilibre syndical du pays, ne perdent pas leur légitimité. Mais une représentativité assise sur des élections renforcera les organisations et « dédramatisera » la syndicalisation.

Arrêtons-nous sur la crise du syndicalisme. Avec 8 % de salariés syndiqués, la France est lanterne rouge en Europe, un taux à comparer aux 70 % ou 80 % dans les pays scandinaves. Qui est responsable ? Les syndicats trop archaïques ou politisés, les entreprises, notamment les PME, trop souvent tentées par la chasse aux syndiqués, les politiques qui ne jouent pas le jeu de la concertation, les salariés français trop individualistes et qui refusent de s'engager ?

Partons d'un principe incontournable : un pays démocratique doit avoir un syndicalisme puissant. J'entends la musique de ceux qui les considèrent comme des forces conservatrices qui empêchent le pays de se réformer. C'est une plaisanterie ! Aucune démocratie ne peut vivre sans des lieux de dialogue structurés, organisés, avec des règles du jeu. Le syndicalisme est aussi fondamental pour une démocratie que le parlement où les lois sont votées après débat. Sans représentants des salariés et des employeurs dûment mandatés pour porter les aspirations, dialoguer et résoudre ensemble les conflits, la société part à vau-l'eau : c'est le début de la violence et de l'anarchie. Il faut le répéter car cela ne va pas de soi pour tout le monde... Historiquement, il est vrai que les syndicats français ont longtemps été liés à des catégories sociales et parfois à des organisations politiques. Ils se sont retrouvés ainsi dans le champ de la confrontation politique. Mais si le Parti Communiste a vu son influence historique diminuer, ce n'est pas le cas de la CGT. Il y a 30 ans, tout le monde aurait parié sur un déclin parallèle des deux organisations. La CGT, la CFDT, FO, la CFTC, la CGC... restent des syndicats très influents, avec beaucoup de militants.

C'est la preuve que le syndicalisme a pris ses distances avec la politique. Certains n'ont pas bien mesuré cette mutation qui n'allait pas de soi. Elle va redonner du dynamisme au syndicalisme français et permettre davantage de consensus sur les grands sujets de l'économie et du social. Enfin, la faiblesse des syndicats français comparée à la situation chez nos homologues européens, doit être relativisée. Dans beaucoup de pays, vous ne bénéficiez des avantages obtenus par les syndicats que si vous en êtes adhérent. En France, tous les salariés en profitent.

Les syndicats sont très peu présents dans les PME, donc les accords sociaux rares, 95 % des entreprises étant sans représentation syndicale…

Dans ces cas-là, les accords de branches s'appliquent. Les PME pâtissent du coût du dialogue social. Certains partenaires sociaux sont d'accord pour ouvrir le débat sur une simplification de la représentation entre délégués du personnel, élus des comités d'hygiène et de sécurité, etc. Les syndicats eux-mêmes n'arrivent pas à fournir suffisamment d'interlocuteurs. On se dirige probablement, et dans un relatif consensus, vers un conseil syndical qui regroupe l'ensemble des fonctions dans les entreprises de taille moyenne. Les délégués inter-entreprise font aussi partie des pistes possibles.

Dans la gouvernance de l'entreprise, faut-il accroître le rôle et le contrôle des représentants des salariés en matière

d'information, de présence dans les conseils d'administration, de participation aux prises de décisions ?

Tout ce qui apporte, dans des lieux de concertation, de la transparence, de la compréhension des mécanismes économiques, de l'accompagnement de la prise de décision améliore le fonctionnement de l'entreprise. La limite supérieure est la cogestion que ne souhaitent pas les partenaires sociaux. Transparence, information, moyens d'expertise, oui, mais la cogestion n'est manifestement pas un chemin privilégié. Elle ne fait pas partie de notre culture.

Faut-il recadrer le droit de grève ? Nicolas Sarkozy préconise un vote à bulletin secret dans les entreprises en conflit pour en finir avec « la dictature de certaines minorités »...

Comme le droit de manifester, le droit de grève est absolu, le droit au travail également. Qu'au bout d'un certain temps de grève, quand le sentiment prévaut qu'une minorité s'oppose à la majorité des salariés, on organise un vote démocratique, c'est assez logique, mais c'est ce qui se fait déjà. On l'a vu avec la SNCM, la Société de navigation Corse Méditerranée. Mais tout vote doit avoir ses règles du jeu : sur quelle question se détermine-t-on sachant qu'on ne peut pas se contenter de dire oui ou non à la grève ? Il faut aussi voter sur des propositions alternatives. Tout cela appelle beaucoup de précautions. L'idée d'encadrer par la loi le comportement des salariés, ce qui dans une démocratie sociale est le rôle dévolu aux syndicats, est chose délicate.

Nicolas Sarkozy ne vise, me semble-t-il, que les piquets de grève. De fait, si le droit de grève est absolu, le droit au travail l'est également, je le répète.

N'y a-t-il pas trop de lois et de réglementations en France ? Ne constituent-elles pas un frein à l'activité ?

La France est-elle bridée par l'excès de lois et de réglementations sociales ? Probablement. Mais l'excès tient surtout à la complexité des circuits et des guichets. Je reviens de manière obsessionnelle sur ce sujet. Quand vous avez 7 acteurs et 7 guichets pour chercher un logement, à qui vous adressez-vous ? À la société d'HLM, à l'un des dix offices qui vous mettent sur une liste d'attente ? À la mairie ? Au département ? À l'État et aux services du logement ? Ou au 1 % logement censé fournir des appartements aux salariés ? Ou à la CIL, la Caisse interprofessionnelle de logement, qui regroupe le financement ? Et si vous voulez vous former ou trouver un métier plus prometteur dans les 5 ans ? Vous intervenez auprès de la région, de l'observatoire des métiers, de votre chambre des métiers, de la chambre de commerce ? Tout le monde a une parcelle de légitimité et personne n'a de vue d'ensemble.

Il y a probablement un excès de règlements dans certains secteurs. Je pense au contentieux dans l'urbanisme ou à la très grande sévérité de l'État vis-à-vis des usines. Mais en raisonnant sur 30 ans, la puissance publique n'est-elle pas dans son droit en se montrant très exigeante sur l'écologie ou la sécurité au travail ?

Sans doute exagère-t-on en France. Je découvre sur des textes de loi que j'ai fait voter, des circulaires de mon administration qui croyant bien faire pour défendre l'argent public, crée des contraintes, à l'encontre des bénéficiaires des nouveaux dispositifs, parfois surréalistes ! Mais en général c'est surtout la complexité des tuyaux et des financements qui pose problème. Prenez le chef d'entreprise qui demande des aides pour moderniser son outil ou installer son usine. Ce ne sont pas les conditions à réunir pour obtenir l'aide qui sont compliquées. C'est d'avoir à constituer 11 dossiers pour 11 organismes différents qui n'ont pas les mêmes critères. À l'arrivée, il récupèrera disons 50 000 euros par organisme. Mais il aurait préféré toucher deux fois moins, mais auprès d'un seul interlocuteur ! Pour une implantation, vous avez les fonds européens gérés par les comités de pilotage de la région, les fonds régionaux d'aides à l'implantation industrielle, le plan de formation qui dépend à la fois de la région et des chambres de commerce ; mais aussi l'État, avec la Direction régionale de l'industrie de la recherche et de l'environnement, la Drire, qui instruit votre dossier en fonction du fait que vous êtes ou non implanté dans une région « zonée » ; sans oublier les aides au financement de l'outil, celles à l'immobilier, avec des organismes parapublics État-région pour obtenir des *leasings*… Bref, vous retrouvez vos 7 interlocuteurs. Toujours la preuve par 7 ! C'est absolument épuisant. Les demandeurs d'emploi comme les chefs d'entreprise sont, de ce point de vue, logés à la même enseigne.

Dans la première partie de ce livre, vous avez longuement développé la situation de l'emploi et les solutions que vous préconisez. Mais parmi les éléments qui peuvent favoriser une

baisse du chômage, vous n'avez pas évoqué la démographie avec le départ en retraite des classes d'âge du baby-boom, ni l'arrivée de jeunes moins nombreux sur le marché du travail. Un tel phénomène ne provoque-t-il pas mécaniquement une diminution du chômage ?

Non, je pense même le contraire. Une forte démographie est un accélérateur de diminution du chômage, plutôt que l'inverse. L'idée qu'avec moins de gens qui recherchent un travail il y aura moins de chômage, est évidemment fausse ! Toutes les études macro-économiques le démontrent. C'est le dynamisme qui crée l'emploi. Et la démographie est un facteur de dynamisme. Souvenez-vous, la France a absorbé 1 million et demi de rapatriés d'Algérie... Et elle ne s'est pas retrouvée avec un million et demi de chômeurs supplémentaires ! Cet afflux a plutôt engendré du dynamisme économique ! Il peut y avoir une période intermédiaire de quelques semestres où, mécaniquement, avec les départs en retraite, on enregistre un micro-effet, essentiellement dans la fonction publique, d'ailleurs... Mais la machine économique, avec son dynamisme, est la résultante des forces vives qui travaillent. Elle s'améliore avec la croissance démographique, et pas l'inverse !

La démographie sera d'ailleurs un problème majeur, dans les années qui viennent en Europe, pour l'Allemagne et pour l'Espagne.

Les chiffres du chômage sont toujours l'objet d'un débat... L'idée n'est pas de polémiquer sur la réalité de ces chiffres, mais de savoir si la société n'aurait pas intérêt à reconnaître clairement – comme la Grande-Bretagne ou les Pays-Bas

l'ont fait – qu'il y a une population assez importante qui, pour différentes raisons, est malheureusement, disons, « inemployable », en tout cas difficilement apte à l'emploi ?

Le système français, dans sa définition, dit : « Toute personne qui souhaite avoir un emploi de plus de 78 heures et qui ne l'a pas, ou qui veut en changer, est demandeur d'emploi. » Ou plus exactement « a vocation à retrouver un emploi ». C'est le principe français ! Beaucoup de pays font différemment. Il y a par exemple, en Grande-Bretagne, 7 % des personnes dites « en incapacité » *incapacity*. 7 % c'est énorme. Le chiffre est un peu moins élevé aux Pays-Bas et en Belgique… On ne mobilise pas pour elles d'équipes de retour à l'emploi puisqu'on considère, avec leur accord, que ce n'est pas le sujet.

Ce n'est pas le parti pris français. Notre système est déclaratif : toute personne qui souhaite un emploi doit être inscrite ou peut être inscrite. Certaines ne le souhaitent pas ! Notre système est donc vertueux.

Est-ce une bonne idée que d'alléger le coût du travail, voire de supprimer complètement les charges du Smic, comme certains le préconisent ?

Si on n'avait pas eu recours aux allégements de charges pour accompagner les 35 heures, la France aurait connu assez vite un problème de compétitivité et, à terme – dans quelques années –, un problème d'emploi majeur. Les allègements de charges sont une conséquence logique d'une décision démocratiquement prise !

En outre, il y a l'idée plus générale du soutien nécessaire au pouvoir d'achat des salariés que les entreprises ne peuvent assurer seules à cause de notre système qui fait reposer sur le travail l'ensemble des sécurités sociales. Un modèle que n'ont pas les Britanniques, et qui implique une compensation par l'État. Comme celui-ci n'a pas les moyens de le faire pour tout le monde, au lieu de réformer le système, on limite la compensation au travail non qualifié, sans bien en mesurer l'effet… De nombreux rapports très argumentés expliquent que les allègements de charges ont préservé tant de centaines de milliers d'emplois, et d'autres pas d'emploi du tout ! Je suis bien incapable de trancher. Nous pouvons raisonnablement penser que si rien n'avait été fait, les difficultés seraient beaucoup plus grandes sur l'emploi des salariés payés jusqu'à une fois et demi le Smic. Mais dans quelle proportion, je suis incapable de le dire.

Cette stratégie peut-elle perdurer, sachant qu'elle coûte 20 milliards d'euros ? 20 milliards par an, pendant 5 ans… Vous imaginez ce qu'on pourrait faire pour les universités françaises ! Nous sommes confrontés à un vrai choix d'allocation de la ressource. Ma conviction est qu'il faut transférer sur d'autres assiettes une partie des sécurités sociales. Supprimer demain ces allègements de charges poserait un problème de coût du travail et menacerait donc notre modèle économique et social. Mais les maintenir durablement représente un coût gigantesque pour le pays. Avec en plus un effet de « smicardisation » de la société française, c'est-à-dire un phénomène de tassement et de trappe à bas salaire qui n'est pas discutable. Or, le dynamisme, c'est la capacité à améliorer en permanence son sort et celui de sa famille, donc de progresser dans sa carrière et son revenu. Les allègements de charges sont autobloquantes sur les négociations salariales dans les branches ou dans les entreprises. Donc, ce n'est pas bon !

Mais on ne peut remplacer ce système que par un autre qui allège globalement le coût du travail et substitue une autre recette au financement actuel par les charges sociales. Mais la suppression pure et simple des allègements au prétexte que « c'est trop cher pour un résultat incertain » conduirait à mon avis à un désastre social, à court terme.

Concernant la flexibilité, faut-il aller plus loin en matière de licenciements ? L'association Croissance Plus propose de supprimer le préavis de licenciement. Le Medef soutient l'idée d'aller vers un licenciement à l'amiable... Doit-on revoir le droit de licenciement en France ?

Tant que nous n'aurons pas réorganisé nos ressources humaines et que nous resterons avec l'idée qu'on perd son emploi, et non pas qu'on en change, nous serons dans la tragédie ! Parce que pour un salarié, c'est une tragédie. D'ailleurs, sauf à être licencié, on ne quitte pas son emploi. On renonce, par inquiétude, à des postes plus conformes à ses compétences ou à de la promotion. On ne saisit pas les opportunités personnelles qui pourraient être aussi sources de développement pour l'entreprise.

Ce système figé a un côté tragique. Et c'est très compliqué de demander à ceux qui sont victimes de la tragédie d'abandonner ce qu'ils considèrent comme des protections. Compte tenu de ce qu'est la culture de notre pays, vous n'y parviendrez pas. Le problème n'est pas d'avoir la bonne idée ou de répéter que la souplesse est préférable. Ça ne se démontre que par la preuve ! Si nous réussissons à n'avoir en période de forte croissance que 5 % de demandeurs d'emploi, ce qui serait en réalité la fin du chômage de masse, et si ce taux ne dépasse pas 8 % quand la situation est très mauvaise, nous sortirons de ce monde de tragédie. Un changement d'emploi peut être une opportunité à saisir.

Si demain quelqu'un qui est licencié économique trouvait immédiatement un contrat de transition professionnelle, un CTP, il sortirait de la tragédie. En effet, ce contrat que j'ai souhaité, déjà expérimenté dans 7 bassins d'emploi depuis bientôt un an, a pour vocation d'accompagner les personnes licenciées par la formation continue vers la mutation professionnelle, avec un salaire quasi-identique.

J'étais l'autre jour à Vitré pour installer les mêmes contrats de transition professionnelle ; des syndicalistes étaient là, trois dames dans une entreprise qui fabriquait des peluches, à qui on proposait ces nouveaux contrats. Elles avaient été licenciées économiquement la semaine précédente. Elles m'ont dit : « Nous savons depuis longtemps qu'un jour ou l'autre ce type de production s'arrêterait. Nous attendions ce moment terrible... Mais si après des années de travail en usine nous pouvions faire autre chose, ça serait aussi bien. Le fait que vous nous proposiez des contrats de transition professionnelle, mieux payés, prouve que le pays croit en nous. Nous allons pouvoir faire le travail dont on rêvait – en l'occurrence, elles voulaient toutes les trois se reconvertir dans les services à la personne – en étant prises en charge, avec une formation professionnelle, nous allons y arriver, et changer de vie. On a 45 et 48 ans, et on y croit ! » Géré ainsi, le passage d'un emploi à un autre n'est plus une tragédie !

Toutes les idées d'assouplissement du droit du travail ont ce même préalable : sortir de la tragédie ! Je ne pense pas que nous pourrons beaucoup progresser tant que nous n'aurons pas réglé, d'une manière ou d'une autre, la question de la sécurisation des parcours professionnels.

La réforme du licenciement n'est donc pour l'instant ni la priorité ni la bonne façon d'attaquer le sujet ?

On peut imaginer des procédures de séparation à l'amiable, un peu moins corsetées et reposant réellement sur un accord libre et responsable ! Si les partenaires sociaux se mettent d'accord sur ce principe, je n'y vois que des avantages ! Mais il faut que ce soit, vraiment, librement consenti.

Autre idée, reprise par Nicolas Sarkozy, celle du contrat de travail unique, avec des droits qui seraient au prorata du temps passé dans l'entreprise. C'est-à-dire un raccourcissement des procédures de licenciement en échange d'une obligation de reclassement. Qu'en pensez-vous ?

C'est, dans la théorie, une très bonne idée ! Le contrat à durée indéterminée, le CDI, donne déjà des droits qui se cumulent au fil du temps : vous n'avez pas les mêmes indemnités au bout de 6 mois, d'un an ou de 20 ans. Ce n'est donc pas une innovation. C'est la poursuite d'une logique existante.

Une fois encore, si vous n'avez pas réglé préalablement l'aspect tragique du licenciement, et si vous ne disposez pas du contrat de transition professionnelle, vous allez multiplier les plans sociaux. Le contrat unique n'est envisageable qu'en période de crise de recrutement, quand c'est à l'offre d'emploi, abondante, de s'adapter à la demande, ce vers quoi nous nous dirigeons progressivement. Dans ce contexte, changer d'emploi devient plutôt une bonne qu'une mauvaise nouvelle ! À côté de l'aspect juridique du contrat de travail, il y a la dimension morale et citoyenne !

Parlons du temps de travail. Premier constat : les Français, globalement, dans leur vie active, travaillent moins que les salariés des autres pays européens. Comment résoudre ce problème ? Faut-il, d'une façon ou d'une autre, supprimer les 35 heures ? Ou faut-il, par exemple, favoriser l'emploi des seniors ?

Les deux sont possibles ! Dans un monde ouvert, je crois qu'il est vraiment aberrant d'interdire ou d'imposer des conditions telles qu'il soit impossible de travailler au-delà de 35 heures. Il y a un aspect contrainte, carcan, interdiction du travail, qui est moralement, psychologiquement et politiquement insupportable ! En même temps, il existe des secteurs d'activité, des âges de la vie, des métiers pénibles où des salariés peuvent choisir de travailler moins. Ils sont très heureux avec les 35 heures et ça ne pose pas en soi de problème économique. Mais l'idée que l'on peut travailler moins tout en gagnant plus est en revanche un mensonge !

Je pense qu'il faut donner un peu de liberté à la négociation dans l'entreprise ou dans les branches professionnelles, à condition que cette liberté soit vraiment bien utilisée. Qu'ensuite, dans des zones de compétitivité, et pour qu'il y ait un impact sur le revenu, on supprime les charges et des taxes sur les heures supplémentaires, c'est probablement la bonne idée. Mettre fin à la surtaxe actuelle de 10 % ou de 25 % des heures supplémentaires est une absolue nécessité. L'idéal serait d'ailleurs qu'elles soient déchargées de toute taxe. Ce qui m'intéresse, c'est d'être efficace, ce n'est pas de donner raison à tel ou tel !

Que fait-on des 35 heures ? Il y a déjà eu des assouplissements. Sont-ils suffisants ou doit-on aller plus loin, en favorisant des renégociations, ou tout simplement en abrogeant les 35 heures ?

Je reste absolument convaincu, et c'est une vraie divergence entre la droite et la gauche, que la réduction du temps de travail obligatoire et généralisée a été une grave erreur, réduisant la compétitivité des entreprises de notre pays, bridant l'énergie, l'enthousiasme et la capacité d'innovation dans certains secteurs, entraînant une modération salariale qui n'a d'autre nom qu'une stagnation du pouvoir d'achat, une désorganisation de certains services publics, des dépenses obligatoires de l'État visant à compenser des charges sociales qui auraient été mieux utilisées, notamment dans la formation et plus généralement l'installation d'un état d'esprit contraire à l'engagement et au goût du travail.

Cela dit, nous pouvons garder les 35 heures comme règle générale, à condition de permettre plus de souplesse pour ceux qui le désirent.

Curieusement les entreprises n'utilisent pas vraiment la possibilité qu'elles ont de renégocier les accords... Elles le font peu...

Pour les entreprises, rediscuter globalement les 35 heures et, demain matin, passer à 40 heures remettraient en cause les contreparties de flexibilité qu'elles avaient obtenues à l'époque, avec un risque majeur de désorganisation, je pense notamment à l'industrie.

De ce point de vue, les chefs d'entreprise ne sont pas plus demandeurs que ça ! Les entreprises n'ont pas rencontré immédiatement de problème de compétitivité : les 35 heures ont été financées par les allègements de charges et par la modération salariale. Mais si nous voulons redonner du souffle et du dynamisme à l'économie, il faut réintroduire de la liberté !

Que peut-on faire pour l'emploi des seniors ? 37 % sont encore en activité en France contre 70 % au Danemark ou en Suède…

Nous avons lancé avec les partenaires sociaux et Gérard Larcher un Plan seniors. Il faudra une demi-décennie pour qu'on en perçoive les effets… Nous sommes toujours dans le même schéma dépassé : le « bloc travail » précédant le « bloc retraite » ! Les salaires sont plus élevés pour les personnels âgés et les entreprises n'ont pas forcément besoin d'autant de talents aussi chers… La solution passe par le bilan que chaque salarié peut effectuer avec son employeur au milieu de la vie professionnelle : cela commence à se pratiquer dans certaines sociétés. Nous n'effectuerons pas, toute notre carrière, le même travail. L'utilisation des talents sera différente. L'idée selon laquelle « je suis à un poste de travail à 30 ans, et je l'occupe toujours à 57 ans », est effectivement un peu dépassée !

Nous avons également encouragé l'emploi des seniors par des campagnes d'information visant à changer de regard sur ce sujet de société. Nous avons mis un terme aux départs systématiques en retraite obligatoire, décidés par le seul employeur. La loi vient d'être votée. Enfin il faut entrer dans la gestion des ressources humaines, avec la création du CDD seniors, des systèmes modulés de retraits du travail – des mi-temps retraite/emploi – ou d'autres dispositifs de ce type pour que puissent s'exprimer le talent d'encadrement et le transfert de l'expérience, qui ne nécessitent pas forcément 35 heures par semaine. L'entreprise a tout à y gagner en termes de performance économique, sans que ça ne lui revienne trop cher. Nous irons de plus en plus vers le temps partagé et le mi-temps retraite/emploi.

N'y a-t-il pas sur ce sujet une hypocrisie, un vrai problème de société ? Après 50 ans, seul un tiers des chômeurs retrouvent un emploi. N'observe-t-on pas clairement dans les entreprises une volonté ou une habitude de se débarrasser des salariés âgés qu'on remplace par des plus jeunes, moins chers ? D'ailleurs, ça arrange souvent tout le monde : les salariés qui sont contents de partir plus tôt, les syndicats... Et les employeurs bien évidemment ! Que peut-on faire face à cette mauvaise habitude ?

Rendre pertinent – et pour le salarié et pour l'entreprise – le fait de continuer à collaborer ! Cette collaboration peut être différente. Vous n'êtes pas obligé de travailler à plein temps. Mais si vous êtes à mi-temps, il faut que la nature du poste de travail et vos fonctions évoluent. C'est une question d'organisation interne. Il faut que le salarié continue à percevoir des revenus équivalents et donc qu'il y ait des cumuls possibles « emploi-retraite ». Si vous n'avez pas les deux éléments et si vous ne rendez pas rationnel – ce n'est pas un problème moral – le choix de l'utilisation des seniors, vous n'y arriverez pas !

Nous avons, dans un texte de loi, autorisé, pour l'instant sur les pôles de compétitivité, la mutualisation, c'est-à-dire la possibilité pour un cadre de partager son temps, par exemple entre IBM et Hewlett-Packard. Dans les pôles de compétitivité, cela s'appelle un projet collectif. Sur le même modèle, les seniors doivent pouvoir occuper des fonctions dans plusieurs entreprises, dans leur champ de compétence. Le système serait cohérent. Mais nous avons du mal, dans ce pays, à faire jaillir rationnellement la meilleure décision.

Nous assistons tous les jours à des délocalisations, dans l'industrie textile – Aubade, Dim...– mais aussi dans les services : l'assureur Axa vient de le faire au Maroc. Est-ce dans la logique de l'économie de marché et faut-il donc s'y résoudre ? Ou peut-on d'une façon ou d'une autre y résister ? Ségolène Royal propose de supprimer les aides aux entreprises qui délocalisent...

Quand Carlos Ghosn signe un accord pour que Renault produise des voitures en Inde, avec un partenaire local, vous pouvez considérer que c'est une délocalisation, au motif qu'il aurait pu construire l'usine en France... Sauf qu'il n'aurait pas pu attaquer le marché indien. On peut aussi penser que ça fait travailler l'ingénierie, le *design,* et que ça renforce la structure financière du groupe Renault qui est clairement de culture française. « Délocalisation » est le genre de mot dont nous avons le secret et le génie car il est extrêmement difficile à définir ! Une entreprise textile qui transfère sa production dans un pays à main d'œuvre moins chère, mais qui garde en France ses bureaux d'études, réalise plutôt un investissement qu'une délocalisation. De même que le japonais Toyota a installé une usine – et peut-être bientôt une deuxième – chez nous à Valenciennes, parce que c'est son intérêt... Pourtant la main d'œuvre française est plus chère que celle d'autres pays. La France fait cependant partie du marché que cette entreprise veut attaquer, dans la zone euro. En outre, les ingénieurs français sont performants. Notre problème c'est que nous sommes en train de nous glorifier d'investissements financiers alors que nous manquons d'investissements industriels. C'est la raison pour laquelle notre pays a un problème de compétitivité !

C'est par nos formations et nos ressources humaines que nous nous en sortirons… Il faut monter en gamme !

Il faut donc accepter l'idée que des emplois de production ne pourront pas rester en France et, qu'en revanche, nous devons investir dans l'innovation, la conception, la matière grise

Non, il faut d'abord les soutenir, c'est l'objet du programme d'intérêt national « Emploi », car il y a un niveau en dessous duquel l'industrie n'est plus possible, c'est ce qui arrive en Grande-Bretagne. Nous devons soutenir beaucoup plus fermement les entreprises de taille modeste qui subissent une concurrence frontale et qui manquent de fonds propres. Elles doivent pouvoir bénéficier de prêts sur 20 ou 25 ans pour financer leurs projets de développement, ou d'aménagement, ou reconstruire une usine plus compétitive. C'est une opération amortissable sur 30 à 35 ans.

Vous placez beaucoup d'espoirs dans les emplois de service à la personne. Mais ne sont-ils pas pénalisés par leur image dévalorisée ?

Non, c'est un nouveau modèle économique. Comme dans tout modèle, c'est un champ d'activités qui aura ses juristes, ses informaticiens, ses opérateurs, ses responsables des ressources humaines, ses cadres, ses salariés qui, eux-mêmes, deviendront cadres.. C'est vraiment un modèle économique !

On l'a vérifié sur la coiffure. Vous avez environ 17 000 salariés dans des salons de coiffure, et malgré cela la coiffure à domicile s'est considérablement développée. Quelques salons ont fermé mais, au total, il y a 10 000 salariés de plus dans la coiffure en France. Un coiffeur à domicile est-il dévalorisé par rapport à son homologue d'un salon de coiffure ? Je ne le pense pas ! J'ai même plutôt le sentiment que ce coiffeur est davantage autonome, qu'il travaille dans un climat de confiance avec plus de responsabilité . Et ceux qui travaillent chez Bosc – un groupe de coiffure à domicile qui est aujourd'hui coté en Bourse – n'ont pas le sentiment qu'ils font un travail de « seconde zone », passez-moi l'expression. Ceux qui exercent le soutien scolaire chez Acadomia ne se considèrent pas comme des intervenants de deuxième catégorie !

Aujourd'hui, des entreprises se développent dans la gestion de votre domotique, de votre bureautique, dans tous les nouveaux matériels, ou dans le secteur de la santé. Ce sont des salariés extrêmement bien formés. Le soutien à domicile pour personnes fragiles ou vulnérables requiert beaucoup de talent et de compétence. C'est un métier très difficile qui engage votre responsabilité et pour lequel le rapport de confiance est déterminant. Le marché est en train de se développer à grande vitesse. Nous sommes passés en neuf mois de moins de 5 000 entreprises et associations, à plus de 10 000 ! Et si le phénomène ne s'est pas produit plus tôt, c'est que personne ne s'y était intéressé. Il y avait d'un coté des gens pris en charge le plus souvent à 100 %, pour des problèmes sanitaires ou sociaux, par le biais d'associations, et de l'autre des personnes fortunées qui employaient du personnel de maison, au sens large ! Entre les deux, il n'existait pas de service à un tarif horaire abordable. À 18 euros de l'heure, les ménages moyens ne pouvaient pas se l'offrir. Il fallait donc créer un modèle économique où le prix de la prestation descende à 5 ou 5,50 euros de l'heure. De plus, le système devait être simple – jusque là l'obtention des agréments était trop compliquée – avec des opérateurs, des plates-formes, et des garanties professionnelles : pouvoir composer un numéro de téléphone, et savoir que se présentera dans l'heure, quelqu'un de référencé, même si vous ne le connaissez pas la première fois. C'est ce que nous avons mis en place : nous avons à la fois « solvabilisé » la demande mais aussi structuré et professionnalisé l'offre. Nous sommes en train d'établir une convention collective. L'objectif est que n'importe quelle famille puisse, une fois par semaine, acheter une heure parmi la vingtaine de prestations répertoriées, qui vont du gardiennage au jardinage et à l'ordinateur, en passant par les gardes d'enfants. Aujourd'hui, le marché est ouvert, professionnalisé, et le coût a été divisé par trois : le secteur bénéficie d'une TVA à 5,5 %, la prestation elle-même n'est pas soumise à charges sociales, et celui qui l'utilise a droit à une déduction d'impôts dans une limite de 1 800 euros par an. Les entreprises peuvent abonder le chèque emplois service universel, le fameux Cesu, et déduire cet abondement de l'impôt. Elles y ont intérêt parce que le système augmente considérablement la performance de leurs employés. D'après une étude de Mac Kinsey, un salarié français passe en moyenne 30 heures par mois au téléphone à gérer ses problèmes domestiques. Au Canada, près de 50 % des salariés sont couverts par un dispositif de services à la personne. Si vous cumulez l'ensemble du dispositif, vous ramenez le coût de la prestation à 5 ou 6 euros de l'heure. Il suffirait que chaque famille ait recours, en moyenne, une ou deux heures par semaine, à ces services pour créer un million d'emplois !

C'est un modèle économique, un véritable secteur d'activité, et je ne vois pas pourquoi nous serions à peu près les seuls à ne pas l'avoir développé.

Passons à la formation professionnelle. La France dépense 23 milliards d'euros pour un système qui est critiqué. Qu'en pensez-vous ? Faut-il repenser une formation professionnelle qui aurait trop d'acteurs et de dispositifs ?

C'est encore le même sujet que pour l'emploi ou le logement ! Chaque fois, vous êtes en présence d'au moins six ou sept acteurs. Ces acteurs n'ont pas de projet commun et défendent des légitimités différentes : la région a la sienne, tout comme les OPCA qui sont les organismes qui collectent les fonds, l'Afpa, l'Association pour la formation professionnelle des adultes, les opérateurs privés, les chambres professionnelles, etc. C'est un système de fiefs éclatés, sans projet commun. Jacques Delors le souligne d'ailleurs dans un rapport du Cerc, le Conseil de l'emploi, des revenus et de la cohésion sociale.

C'est un dispositif où chacun fait au plus simple : ceux qui ont l'information bénéficient de la formation ! Il n'y a ni évaluation ni réel contrôle. Il faut repenser fondamentalement tout le système. Comme pour les Maisons de l'emploi, nous pouvons le faire sans remettre en cause la légitimité de chacun, simplement en donnant comme première obligation aux différents intervenants de prendre en charge toutes les jeunes victimes d'un système éducatif qui ne les met pas en capacité de trouver un emploi ! Voilà quelle devrait être la feuille de route. Il faudra être intransigeant : chaque organisme devra s'engager sur ce programme !

Nous évoquions tout à l'heure l'apprentissage auquel vous êtes favorable. Mais cela fait 20 ou 30 ans qu'on en parle, sans le développer. Pourquoi est-ce si difficile en France, alors que ça fonctionne parfaitement, et ce depuis des années, en Allemagne ? Même les professionnels du bâtiment se plaignent de ne pas trouver de jeunes…

Nous faisons face à un problème culturel ancestral ! La culture dominante voulait que la formation générale permette de naviguer dans la vie professionnelle. C'était vrai quand cette formation générale touchait le quart de la population française. Ça ne l'est plus avec la massification de l'enseignement secondaire, quand 14 % d'une classe d'âge sort du système éducatif sans diplôme, et quand tout le monde peut s'inscrire à l'université, sans information, dans une filière dépourvue de débouché professionnel… Fondamentalement, cet *a priori* n'a pas disparu.

Quand, avec Gérard Larcher et Laurent Hénart, je suis arrivé au ministère de l'Emploi, il y a 3 ans, un sondage indiquait que seuls 35 % des jeunes voyaient dans l'apprentissage une voie d'excellence. Il y a 2 mois, ils étaient plus de 90 % de cet avis ! Pour faire bouger toutes les mentalités, une grosse campagne d'information a été lancée, avec notamment des spots sur les radios, auprès des jeunes, des chefs d'entreprises, sur le slogan : « Avec l'apprentissage, prenez une longueur d'avance ! »...

Côté entreprises, une mission a été confiée à Henri Lachmann, président de Schneider, pour les alerter sur le thème : « Attention, vous allez affronter une crise du recrutement, et la formation par alternance est la meilleure ! » Henri Lachmann a fait adhérer à ce principe les 40 sociétés du Cac 40, puis plus de 1 300 entreprises ! Mais comme ce sont de vraies filières, alliant formation théorique et pratique, elles exigent des locaux, des formateurs : cela ne s'invente pas en claquant des doigts ! Nous sommes passés de 330 000 à plus de 400 000 apprentis cette année. C'est une inversion de tendance extrêmement significative, et nous avons l'objectif d'être à 500 000 apprentis d'ici à 2009. Nous avons donc déjà changé, pour une bonne part, l'image de l'apprentissage. Les entreprises comme les jeunes et leurs familles ont pris conscience que c'est une réponse adaptée, directement qualifiante pour l'emploi. Aujourd'hui, l'éventail des formations a monté en gamme : vous pouvez par l'apprentissage devenir ingénieur en aéronautique, en biologie, en pharmacie... Même si nous sommes encore loin des chiffres allemands, le système, qui était en déperdition, est en train de se redresser et devient filière d'excellence. Les mentalités évoluent.

Je voudrais plus généralement évoquer la place du travail en France. Est-il, comme beaucoup le pensent, dévalorisé ? La société française récompense-t-elle assez le mérite ? La valeur « travail » tient-elle suffisamment sa place face à l'assistanat ? N'y a-t-il pas, en un mot, un problème « d'incitation du travail » en France ?

Oui, et dans ce domaine Nicolas Sarkozy a raison. Il faut revaloriser, dans toutes ses acceptions, la notion de travail. L idée selon laquelle « celui qui n'est pas au travail le veut bien » m'insupporte. Je connais suffisamment de gens qui préfèreraient mille fois travailler. Opposer les assistés aux travailleurs est très réducteur, même si la question peut se poser marginalement.

Mais ce n'est pas en dénonçant quelques excès qu'on sort le pays de la difficulté…

De même, la modération salariale et les charges sociales ont bloqué les promotions salariales depuis 10 ans. Être très performant ne vous permet plus d'obtenir une augmentation de salaire. Parce que l'employeur commence par payer les charges. Ce n'est pas très stimulant : la dynamique de la progression salariale et de l'évolution de carrière a été cassée !

Autre constat : d'une idée que l'on peut moralement entendre, qui est la notion de partage du travail, mais qui se révèle de toute façon inadaptée dans la compétition internationale, on a glissé, au moins en partie, vers une assimilation du travail à de l'exploitation. Il ne fallait surtout pas travailler davantage au nom d'une société où priment l'équilibre personnel et les loisirs.

Existe-t-il, selon vous, un vrai danger ?

Oui, je le pense. Je trouve que les « vendredis RTT français » sont parfois un peu désespérants ! La complexité qui en a résulté dans l'organisation des entreprises et de certains services publics, dans la gestion du temps de travail réglementé, a un côté démotivant, et contraire à cette espèce d'euphorie du travail, d'envie de découvrir et d'avancer, qui doit prédominer… Si j'avais un reproche à faire au gouvernement Jospin, c'est d'avoir, involontairement, accrédité l'idée selon laquelle le travail est l'ennemi du bonheur et de l'épanouissement. Cette idée a suinté un pcu partout… Je peux très bien comprendre, je le répète, une réduction du temps de travail pour certains métiers, à certains âges, pour des tâches jugées pénibles. Mais je la trouve injustifiée dans nombre d'activités.

Et puis, autre phénomène, le dénigrement généralisé, dans lequel le travail a été pris en otage ! Dénigrement de l'autorité, du service public, des institutions, dénigrement de tout ce qui représente les fondamentaux de la vie en commun. Avec comme conséquence, le développement de la violence… Le travail fait partie des repères qui sont aujourd'hui un peu brouillés.

Pouvoir d'achat et croissance

Le pouvoir d'achat est au centre du débat social et politique. Les Français s'en préoccupent. Les syndicats en font l'une de leurs principales revendications ; les candidats à l'élection présidentielle le placent au centre de leur projet. Le problème n'est pas nouveau, même s'il s'est aggravé, puisque selon l'Insee, le revenu salarial aurait progressé de seulement de 0,4 % par an depuis 1996, si l'on prend en compte le temps partiel, l'intérim, les CDD... Comment appréhendez-vous cette question ? Comment peut-on y répondre ?

Le pouvoir d'achat est la résultante de plusieurs facteurs.

- Le poste logement qui a augmenté de 20 % mais baissera de 20 % grâce au programme d'intérêt national que je propose.

- Le salaire direct qui devrait augmenter de 10 %, jusqu'à 3 000 euros de revenus, grâce au programme concernant l'emploi que, là encore, je propose de mettre en place.

- La sécurisation des parcours professionnels et le passage encouragé du temps partiel subi au temps plein, et du travail discontinu au CDI, permettront d'aller dans le même sens.

- Ce programme relancera, par définition, la dynamique de négociation individuelle et collective. De fait, la mécanique de la négociation salariale s'est grippée il y a quelques années sous l'effet du chômage de masse et du partage du temps de travail. Les 35 heures allaient de pair avec la modération salariale. Lorsque nous avons relancé l'année dernière les négociations par branche, certaines conventions étaient encore rédigées en francs.

Nous avons effectué à la fois une convergence des différents Smic et augmentation générale de 17 % en 5 ans et de 25 % pour certains d'entre eux. Je note d'ailleurs que la projection sur 5 ans de la progression du Smic devrait le mettre aux alentours de 1 500 euros bruts par mois. En fait, ce sont toutes les autres grilles de salaires qui doivent progresser.

Enfin, le chômage de masse déséquilibre le rapport de force entre salarié et employeur, et casse la mécanique de négociation ou de progression. Le salarié ne pense pas pouvoir trouver ailleurs un emploi mieux payé. Le retour à un taux de chômage entre 5 et 6 % devrait modifier la donne.

Existe-t-il un moyen de faire pression sur les entreprises ? Nicolas Sarkozy a évoqué l'idée de conditionner les exonérations de charges qu'elles reçoivent aux hausses de salaires ou à la revalorisation des grilles.

Quand nous avons réuni la Commission nationale de la négociation collective, nous avons prévenu que le sujet reviendrait devant le parlement pour les branches qui ne négocieraient pas ! Nous avons donc fait pression. Quoi qu'il arrive, nous demandons un accord. Mais après, il y a la hauteur de l'accord. Définir à partir de quel pourcentage d'augmentation on accordera ou non une exonération de charges n'est pas simple. Moins en tout cas que les « Y'a qu'à » ou les « Faut qu'on »... Dans la pratique, je préfère que l'on se mette dans une situation où tout le monde a rationnellement intérêt à améliorer les conditions de salaires et la performance, individuelle et collective. On augmentera ainsi les salaires, tout en maintenant la compétitivité française.

Parlons maintenant du Smic. Il a, comme vous l'avez rappelé, beaucoup progressé ces dernières années. La conséquence, c'est une augmentation du nombre des smicards, et certains critiquent l'écrasement de la hiérarchie des salaires mais également les effets sur le déroulement des carrières. Les travailleurs

qualifiés se retrouvent moins bien payés que leurs collègues européens. Le ministre du Budget, Jean-François Copé, rappelait récemment que la moitié des salariés gagnent entre le Smic et 1,6 Smic. N'y a-t-il pas là de redoutables effets pervers ?

Vous évoquez deux sujets : à partir du moment où l'on majore considérablement le Smic, il y a davantage de gens concernés, et c'est tant mieux ! Ça ne veut pas dire qu'on a « smicardisé » la société française et que des salariés ont dégringolé dans une catégorie inférieure !

En revanche, il est important de progresser dans sa vie professionnelle : progression en revenus et, éventuellement, en responsabilité ou en intérêt du travail. Le plus facile a été réalisé : c'était l'augmentation du Smic.

Il faut maintenant créer les conditions d'une dynamique pour l'amélioration générale des salaires. Ces conditions, ce sont la formation continue, la validation des acquis de l'expérience, la possibilité de changer de poste et de progresser dans sa carrière. Une bonne formation et un poste plus adapté améliorent la performance du salarié, donc celle de l'entreprise. Elle doit par conséquent entraîner un relèvement des salaires. Le mouvement profite à tout le monde !

Le rapport Camdessus préconise de geler le Smic à son niveau actuel car son augmentation freine l'emploi des salariés peu qualifiés...

C'est l'idée selon laquelle si la marche de l'accès à l'emploi est d'un coût trop élevé, l'entreprise ou le particulier ne franchit pas la marche ! Des employeurs renonceraient à créer un emploi non qualifié parce qu'il leur coûterait trop cher. La théorie s'est en partie vérifiée en Grande-Bretagne qui a géré son retour à l'emploi par la baisse du coût du travail et par un développement très supérieur à la France du temps partiel subi. Mais les Britanniques ont aussi créé les *job centers*, c'est-à-dire le rendez-vous hebdomadaire dans une agence pour trouver un emploi, soutenir le demandeur, etc. Le modèle de la diminution du coût du travail n'est pas universel : les Danois ont fait totalement différemment, et ils sont quasiment au plein emploi ! Le risque majeur c'est celui du travailleur pauvre, à savoir que les emplois à temps plein ne permettent pas de vivre décemment.

Nous sommes toujours dans le même débat : plus l'emploi peu qualifié est cher, plus son accès est difficile. Mais à partir du moment où les cotisations sur le Smic ont été prises en charge par l'État, c'est-à-dire par l'ensemble des Français, le problème a été à peu près contourné. Sinon le coût aurait été tel pour l'artisan, la PME ou la grande entreprise que l'augmentation aurait probablement été dissuasive et aurait détruit de l'emploi ! Je ne crois pas aujourd'hui que le niveau de salaire, sans les charges, soit dissuasif et agisse comme un frein à l'emploi.

Il existe une autre façon d'améliorer le revenu des plus faibles, c'est la PPE, la prime pour l'emploi. Là aussi, il y a débat : certains affirment que la PPE coûte très cher, 4 milliards

200 millions d'euros, et qu'elle pourrait encourager des entreprises à mal payer leurs salariés, en se disant « qu'après tout, c'est l'État qui compensera et assurera un niveau de revenu décent ! »

Oui, mais on ne peut pas vouloir une chose et son contraire ! Déjà, la prime pour l'emploi, la PPE, s'applique au secteur public comme au secteur privé. Et personne ne prétend qu'elle encourage l'État à moins bien payer ses salariés !

La PPE, c'est le même principe que lorsque l'État prend en charge les cotisations de Sécurité sociale. On pourrait financer autrement la protection sociale et on ne parlerait pas d'exonération de charges patronales. Tout est affaire de sémantique. La PPE relève de la même logique. C'est l'idée qu'il y a un certain nombre d'emplois dont le coût unitaire doit être compatible avec la capacité financière de l'employeur, qu'il soit public ou privé. C'est donc une aide au financement de l'emploi en France. J'entends ceux qui disent que puisque la PPE concerne huit millions de personnes, la dépense est massive. Mais l'amélioration du niveau de vie qu'elle apporte ne se ferait pas par des augmentations de salaires majorées par les charges sociales. Alors peut-on mieux la cibler ? Probablement. Trouver un autre mécanisme, moins compliqué ? Sans doute. Mais l'idée d'améliorer les revenus des salariés du public comme du privé par un effort de la collectivité ne me paraît pas déraisonnable.

Globalement, la question est posée du partage des revenus entre le travail et le capital, entre la part de la valeur ajoutée que reçoivent les salariés et celle qui va aux actionnaires.

Il y a 20 ans, le rapport était de 70 pour les salariés et 30 pour les actionnaires. Aujourd'hui, il est de 60/40. Faut-il l'accepter comme une évolution inéluctable de l'économie ?

Nous sommes en réalité face à une crise du recrutement. C'est l'homme ou la femme qualifiée qui fait la performance et qui est la denrée rare. Il y a 30 ans les entreprises venaient « draguer » les diplômés sur le campus d'HEC, à Jouy-en-Josas. L'Oréal expliquait que les cosmétiques, c'était formidable ; les banques, qu'elles étaient l'avenir ! Et puis ça a cessé. Pendant 25 ans, le rapport de force s'est radicalement inversé. C'est en train de changer, de nouveau, pour les étudiants des grandes écoles, mais aussi dans des secteurs très pointus comme la plasturgie. L'objectif, c'est que cette tendance se généralise et la dynamique joue en faveur du salarié. Les entreprises y gagneront en compétitivité grâce à la mobilité professionnelle et à la meilleure adaptation du salarié au poste de travail. Les salaires et la performance s'en retrouveront « boostés ». Ce changement, je le vois à deux ou trois ans si on agit convenablement. Il va bouleverser les relations entre employeurs et employés. Le zapping qui sera possible entre entreprises va obliger les employeurs à fidéliser leurs personnels par des augmentations de salaire, des améliorations des conditions de travail, des avantages annexes comme les gardes d'enfants… Ce sera une compétition pour recruter et conserver les salariés.

Est-ce à 7 ou 6 % de taux de chômage ? Je ne sais pas, mais il y a un moment où cela va se retourner. Dans le secteur bancaire, c'est déjà la guerre pour retenir les cadres et éviter qu'ils ne partent à Londres ou ne passent au réseau concurrent : Crédit

Agricole contre Le Crédit Lyonnais ou Natixis. Résultat, les conditions de travail et de rémunération progressent plus vite dans ce secteur que dans les autres.

Vous estimez donc que le balancier va repartir dans l'autre sens, avec un rapport de force plus favorable au salarié. Néanmoins, les sociétés du Cac 40 ont engrangé en 2005 80 milliards de profits, dont 30 ont été redistribués aux actionnaires : ils restent bien traités !

Le sentiment d'une profonde injustice provient du fait que les bénéfices de ces sociétés sont comparés à la masse des salaires en France. Or, ces grandes entreprises très performantes enregistrent entre 50 et 80 % de leurs profits à l'étranger. Ce sont d'ailleurs ces derniers qui progressent le plus vite. C'est une excellente chose que les grands groupes soient présents hors de nos frontières et y réalisent l'essentiel de leurs profits : ces bons résultats confortent les sièges sociaux français et rapportent des impôts qui servent à construire nos hôpitaux, nos écoles et nos routes. De même que Toyota à Valenciennes crée des emplois en France mais aussi des profits à la Bourse de Tokyo.

La perception d'une injustice est encore aggravée par le comportement, indigne et scandaleux, de certains manager, que nous avons tous à l'esprit. Mais j'insiste : le rapport de force est en train de s'inverser en faveur de la perle rare qu'est la ressource humaine. Le mouvement pourrait s'accélérer avec la surabondance des capitaux, la surfinanciarisation de l'économie qui résultent du développement des retraites par capitalisation partout dans le monde.

La loi récente sur les* stocks options *règle-t-elle la polémique ?

En grande partie, car elle impose la transparence. L'information doit être générale et les actions gratuites offertes à tous. L'utilisation des *stocks options* est désormais encadrée en termes d'information et de durée.

L'économie française se caractérise par la langueur de sa croissance. Depuis 2002, elle a toujours été inférieure à 2 %, taux qu'elle a à peine dépassé en 2006. Est-ce un signe du déclin de notre pays ? Selon le projet de l'UMP, la France est passée depuis 1980 de la sixième à la dix-septième place mondiale en termes de richesse par habitant. Dans l'indice Davos de compétitivité, elle chute du douzième au dix-huitième rang. La France a-t-elle décroché ?

La réponse est plutôt oui, même si la France ne décroche pas dans l'industrie de pointe ou dans les services de très haut niveau, comme la banque, l'assurance, l'informatique.

Les quatre programmes d'intérêt national, efficacement mis en œuvre, devraient nous permettre d'atteindre une croissance globale entre 3 et 4 %.

Comment faut-il regarder la mondialisation : comme une menace, une réalité incontournable ou une chance pour la France ?

C'est tout ça à la fois : une réalité, une redistribution des cartes qui va évoluer et changer de nature. Les Chinois ne se considèreront pas éternellement comme les usines du monde, ne serait-ce que parce qu'ils rencontreront des problèmes écologiques majeurs. D'autres pays asiatiques ne se satisferont pas de produire à bas coût. Ils raisonnent déjà à 20 ou 25 ans. Le grand sujet de la mondialisation n'est pas le plombier polonais. Il est frappant que la France, qui compte parmi les meilleurs artisans du monde, ait perdu à ce point confiance en elle pour tomber dans cette psychose. Les problèmes fondamentaux à traiter sont tout autres. Nous entrons dans une compétition de la connaissance et dans un système où finalement, par le libre-échange que pratiquent tous les pays, y compris communistes, on peut en quelques semaines, quand ce n'est pas en quelques nanosecondes, placer à peu près où l'on veut sur la planète les investissement financiers, les forces intellectuelles et les usines. Nous allons obligatoirement devoir réfléchir à une régulation mondiale de ces échanges. Nous ne pourrons pas continuer à vivre avec une internationalisation des échanges non régulée, sauf à créer des déséquilibres mortels pour la planète, en termes écologiques, de rapports sociaux, de concentrations de richesse sur quelques sites, et de pauvretés ailleurs. Avec comme conséquence des exodes incontrôlables et des affrontements entre le Nord et le Sud, voire à l'intérieur d'une même société.

Tout a changé. Il y a 50 ans, vous inventiez un brevet en France ; vous étiez primé au concours Lépine. Si vous aviez la chance de rencontrer quelqu'un qui industrialise votre produit, vous faisiez fortune au sens où vous pouviez acheter un pavillon ou gagner peut-être dix fois ce que touchait un ouvrier français... Aujourd'hui vous inventez quelque chose dans l'ordre de l'intellectuel, du musical ou des nouvelles technologies, votre client devient le monde entier, et votre richesse instantanée est multipliée par 10 000, 100 000, ou par millions. La cohabitation avec tous ceux qui ne font que produire des biens et des services sera compliquée à gérer. Vous aurez probablement sur la planète des sortes d'enclaves, de *resorts* de milliardaires dont la fortune n'a plus rien à voir avec les Rockfeller d'hier. On voit se construire dans quelques déserts des réserves de gagnants de la mondialisation avec des lacs ou des pistes de ski artificiels ! Dès lors, soit des fondations ou des systèmes de redistribution se développent, sur la base de financements très lourds en faveur d'une solidarité internationale réelle, notamment envers le Sud, soit le monde connaîtra de vrais soucis.

Pour en revenir à la France, il est clair que lorsque Toyota s'implante dans le Valenciennois, celui-ci fait partie des gagnants de la mondialisation. Quand Alstom décroche le marché de Hambourg ou d'autres contrats au Japon ou en Chine, elle profite de l'internationalisation des échanges, même si Bombardier, entreprise canadienne produisant en France, lui souffle le Francilien. Le luxe français qui crée des emplois dans l'hexagone, se vend essentiellement à l'étranger. Mais dans le même temps des secteurs d'activité français sont attaqués frontalement par la mondialisation : en général des produits standard, mal positionnés et fabriqués par des entreprises de taille moyenne : l'ameublement ou le textile ne peuvent s'en sortir qu'en montant en gamme. On en revient à la qualification…

Le patriotisme économique est-il réaliste? Constitue-t-il une réponse à la mondialisation ?

Si le patriotisme économique consiste à établir des lignes Maginot, la réponse est non. En revanche, que nous souhaitions ardemment que la culture de notre pays demeure et prospère, voire progresse dans un certain nombre d'activités, me paraît tout à fait naturel. C'est ce que font tous les grands pays. Il vaut mieux que Renault rachète Nissan plutôt que l'inverse. Les Américains défendent leurs intérêts par le *Small Business Act*, par la guerre des normes, par les recherches en commun dans le civil et le militaire. Chaque grande nation souhaite se développer, que ses habitants en profitent, que les centres de décision restent de culture nationale, et que les investissements soient réalisés chez soi, dans l'industrie et la recherche, plutôt que sous forme de rachats d'entreprises par des groupes étrangers, qui se terminent souvent par des fermetures d'usines. Au-delà des mots et des slogans, les Allemands tiennent à leur industrie, les Américains à leurs services et à quelques grands secteurs économiques. Nous ne faisons pas exception, même si nous devons raisonner en Européens. Veolia, 250 000 salariés, réalise les trois quarts de ses activités à l'étranger mais le siège social reste en France. Nous avons des *leaderships* mondiaux dans 80 métiers. Mais, comme l'a révélé le plombier polonais, nous avons perdu confiance en nous parce que nos PME sont trop faibles. Les entreprises familiales moyennes ont besoin d'un soutien important de la collectivité, sous forme de prêts à durée très longue. Investissons dans les hommes, dans les PME, les bassins de mono-industries qui subissent le choc de la concurrence internationale. Mais l'économie française a d'autres atouts. Nous pouvons revenir au plein emploi dans la mondialisation. Il faut faire attention à ne pas descendre en dessous d'un certain niveau. À partir de ce niveau, l'industrie n'est plus possible. C'est ce qui arrive à la Grande-Bretagne.

L'industrie française a-t-elle réellement un avenir ? Elle vient de perdre 66 000 emplois en un an. Peut-on développer une politique industrielle, avec des stratégies sectorielles, ou faut-il plutôt miser sur une économie de services, comme l'a fait la Grande-Bretagne ?

La France a toujours eu une vocation industrielle, et cela continue. L'industrie évolue vers la conception. Une usine automobile, c'est essentiellement de la logistique, du *design* et de l'assemblage. Mais on parle toujours d'industrie. Veolia fait du service. Mais quand il gère le compactage des déchets de Hong-Kong, c'est aussi de l'industrie, car il doit techniquement s'occuper des produits. La frontière entre les deux est très ténue et elle va encore se réduire. Le produit de bas de gamme, facilement transportable, d'une entreprise française de taille moyenne, aura beaucoup de mal à résister à la concurrence internationale. Mais les autres activités peuvent tenir le choc. Nous sommes avec l'Allemagne et l'Italie le pays d'Europe qui conserve le taux d'emplois industriels le plus élevé, 21 % en France contre 16 % en Grande-Bretagne. Nous connaîtrons donc forcément des mutations, mais nous garderons des positions fortes. La stratégie de l'innovation écologique est typique du talent et des capacités françaises. Si la France, patrie des Droits de l'homme, décidait demain d'investir massivement dans le défi écologique, c'est-à-dire les Droits de l'homme de demain, avec toute notre palette de grandes entreprises d'environnement comme Suez ou Veolia, d'énergie comme EDF et Areva, nos centres de recherche, nos grandes écoles, nos universités et la puissance de notre agriculture, nous aurions une force de frappe décisive pour développer, sur une décennie, un axe stratégique très fort.

La France est lourdement endettée, à hauteur de 1 150 milliards d'euros, soit environ 66 % du PIB, 18 000 euros par Français. Auteur d'un rapport sur ce sujet, Michel Pébereau affirme qu'il est scandaleux que le débat soit escamoté…

Il a totalement raison. Nous avons vécu les ¶« Trente Hésitantes », entre 1976 et 2006, avec les lunettes des Trente Glorieuses, en pensant que l'absence de croissance et les déficits n'étaient pas graves, puisque demain serait mieux qu'hier, ce qui s'était toujours vérifié hors période de guerre. Cette idée d'éternité du progrès nous a persuadés que l'endettement n'était pas une réelle difficulté.

Souvenez-vous du débat surréaliste autour d'une « cagnotte » budgétaire de 30 milliards, en 2002 alors que nous étions en déficit !

Vous avez évoqué les fonctionnaires. Dire, comme on l'entend parfois, qu'il y en a trop, n'est pas pour vous la bonne façon d'aborder la question ?

Non, parce qu'elle est humiliante, donc bloquante. Cela revient à dire à un fonctionnaire qu'il est en trop. Il y a des mots qui sont des balles. C'est aussi absurde que d'affirmer qu'il y aurait trop de salariés du privé, compte tenu de la concurrence chinoise ! Il vaut mieux réorganiser et améliorer la qualité du service public, simplifier les procédures et, en conséquence, adapter les effectifs. Avec l'informatique et les technologies nouvelles, nous devons pouvoir repenser la collecte de l'impôt et faire évoluer les missions afin de mieux utiliser cette culture de service public qui est extraordinaire quand elle a des missions claires.

La France est l'un des pays où les prélèvements obligatoires sont les plus élevés : un peu plus de 44 % du produit intérieur brut. Est-ce un choix de société qu'il faut assumer ou faut-il les baisser et procéder à un « grand soir » fiscal ?

Les prélèvements obligatoires que nous avons sont la conséquence d'un choix collectif. La République s'est bâtie sur l'idée que l'école, la santé, et un certain nombre de services publics, considérés comme des prestations universelles, devaient être gratuits. C'est un choix de société qui est parfaitement maîtrisable si l'on prend en compte les évolutions et qu'on s'y adapte. Dans un autre modèle, américain par exemple, les études universitaires coûtent très cher. Mais comme elles sont de haut niveau, vous appartenez à l'élite et vous pouvez rembourser les emprunts correspondant à « l'achat » des études. De même vous cotisez à une assurance privée plutôt qu'à la sécurité sociale pour payer votre propre santé. La France n'est pas prête à ce choix. Mais il y a une petite difficulté : pour un étudiant américain, des études au Massachusetts Institute of Technology ou à Harvard sont hors de prix. Pour un Français qui fait l'École polytechnique, elles sont gratuites, et il est même rémunéré. Imaginons au bout de 25 ans de carrière les deux diplomés devant une même carte du monde. Ils ont été cadres dirigeants chez IBM ou Lazard, et ils se posent la question de savoir où ils vont vivre pour optimiser leurs situations financière et fiscale. Mais celui dont les études ont été payées par la collectivité devrait restituer une partie de l'argent gagné. Si le débat sur l'impôt sur la fortune est plus compliqué en France qu'en Allemagne, en Angleterre ou en Belgique où il a été supprimé, c'est parce que celui qui a créé des activités, donc de la richesse, veut pouvoir arbitrer entre plusieurs lieux de vie. La collectivité nationale peut lui répondre qu'il a construit sa fortune parce qu'il a profité de tout un système gratuit. Les Français sont attachés à l'ISF moins par haine du riche ou de celui qui a réussi, que parce qu'au fond de l'inconscient collectif, il y a l'idée de restitution, de retour sur investissement. Plus il y aura une internationalisation des lieux de richesses, plus l'accession gratuite à la fortune créera une inégalité. Si l'université française était payante, on allègerait les impôts. On ne sortira pas facilement de cette contradiction mais je ne voudrais pas qu'on le fasse au prix d'un changement de notre modèle de société. Nous avons bâti une société où l'ordre marchand n'est pas le maître absolu de notre destinée ; gardons ce modèle en agissant de manière dynamique.

Faut-il procéder à une grande réforme fiscale, sur l'impôt sur le revenu, l'impôt sur la fortune, les droits de succession ? Doit-on tout bouleverser ou seulement aménager la fiscalité ? Faut-il continuer à baisser l'impôt sur le revenu ?

Le poids de l'impôt a une dimension psychologique majeure. Lorsque vous le payez avec le sentiment qu'il sert à quelque chose, son poids est beaucoup plus supportable que lorsque vous constatez qu'il n'empêche pas le déficit public, la révolte des banlieues, la crise du logement, ou les 30 % de jeunes sans qualification. J'ai un exemple précis : les Valenciennois paient plus d'impôts que les Parisiens, tout en ayant un niveau de vie inférieur ; mais ils ont conscience des changements intervenus depuis quinze ans. En revanche, si les réformes indispensables, ne sont pas mises en œuvre dans les 5 ans, pour que la France redevienne un pays leader, aucun impôt ne sera plus réellement supportable.

Je suis partisan de changements fiscaux assez radicaux. L'impôt sur le revenu est redistributif et dynamique. Son évolution à la baisse n'est plus une priorité.

Il ne faut donc pas le baisser !

Quel que soit l'impôt que vous preniez, vous préférerez toujours le voir baisser plutôt qu'augmenter. Mais le choix est entre une fiscalité qui dynamise le pays et celle qui favorise les situations acquises. Je suis favorable à ce qu'on concentre les baisses de taxes et de charges sur l'emploi au détriment des plus-values financières à court terme.

Ne craignez-vous pas de provoquer une fuite massive des capitaux ?

De même que les Allemands ont l'obsession de l'inflation, nous avons celle de l'épargne. Résultat, la France a un taux d'épargne liquide gigantesque, de l'ordre de 16 % du PIB, c'est-à-dire l'un des plus élevés du monde. Nous demeurons le pays de la rente Pinay alors que nous sommes dans des économies en compétition. Moins prélever sur le travail et davantage sur le capital est aujourd'hui incontournable.

Que pensez-vous de ceux qui, comme Johnny Hallyday, délocalisent leur fortune à l'étranger ?

Nous avons un problème avec l'ISF qui est jugé confiscatoire. Il ne devrait plus l'être avec le bouclier fiscal. Je crains néanmoins que ça ne change pas grand-chose. Mais relativisons : tous les retraités et, parmi eux, des fonctionnaires, qui s'installent aujourd'hui au Maroc parce qu'ils ont le sentiment, avec la même pension de retraite, de vivre mieux qu'en France en raison de la différence du coût de la vie, constituent un phénomène beaucoup plus massif que les quelques grandes fortunes qui se délocalisent en Suisse.

Nous vivons dans des économies ouvertes. À nous d'améliorer

la qualité de vie et les services pour que notre pays reste ou redevienne attractif. Si le phénomène de l'expatriation touche davantage la France que l'Allemagne ou la Belgique, ce n'est pas seulement pour des raisons fiscales : la pertinence de la dépense publique et la vie quotidienne entrent aussi en ligne de compte.

On souligne souvent la méfiance, voire l'hostilité des Français à l'égard de l'économie de marché et de l'entreprise. Selon un sondage, seul un Français sur deux voit dans la libre entreprise le meilleur système pour l'avenir. C'est en France que les altermondialistes enregistrent le plus de succès. Beaucoup de nos concitoyens rêvent d'être fonctionnaires... Cela ne vous inquiète-t-il pas ?

Les enquêtes d'opinions sont contradictoires sur le mode : « je n'aime pas trop les entreprises, mais j'aime bien la mienne » ! En réalité, les Français sont très au fait de l'économie de marché. Le gars qui travaille dans l'agro-alimentaire, chez Bombardier ou Airbus, sait ce qu'est un demi-point de productivité, et comment ça permet de gagner ou de perdre des parts de marché. Il a une culture économique beaucoup plus consistante qu'on ne le pense. Mais il refuse de n'être qu'un pion dans un système général. Quand il aura le sentiment que l'avenir sera, de nouveau, meilleur pour ses enfants, le modèle d'économie de marché régulé réapparaîtra pertinent. Sinon, il est normal qu'il en veuille au système. Le vrai problème, ce ne sont pas les grandes idéologies, c'est de faire en sorte que le système qui marchait il y a 30 ans s'adapte rapidement pour fonctionner face à une nouvelle donne : avoir un logement un peu plus grand, retrouver un emploi de qualité quand l'usine ferme, bénéficier d'une école performante... Les gens veulent juste que ça marche !

La France et le monde

En ce début du XXIe siècle, la France qui ne représente que 1 % de la population mondiale et des terres immergées – comme l'avait déjà relevé Valéry Giscard d'Estaing – peut-elle encore peser sur les affaires du monde ? A-t-elle un rôle à jouer, un message à faire entendre ?

Je le crois plus que jamais. La voix qui convainc, séduit et alerte n'est pas uniquement liée à une puissance militaire ou économique. En littérature, les auteurs sont entendus indépendamment de la notoriété de leur éditeur. C'est la même réalité en politique. L'éditeur France n'est pas très puissant, mais sa pensée peut l'être.

La France a été l'un des premiers États-nations modernes, avec ce que cela a supposé de volontarisme et d'universalisme, comme l'illustre la déclaration des droits de l'homme. Elle a également été le premier État laïque alors qu'elle était fille aînée de l'Église. Elle est aujourd'hui une nation très diverse dont la culture s'inspire autant du monde anglo-saxon que du monde arabo-méditerranéen. La France compte parmi les siens la première communauté musulmane, la première communauté juive et la première communauté chinoise en Europe. Elle reste rétive à l'intolérance et au racisme. Sa diversité génère des contradictions, des tensions, parfois de la violence, mais surtout des débats, une culture politique ou une littérature d'une grande richesse.

La France refuse les certitudes qui s'imposent aux autres et l'idée d'un modèle dominant, que ce soit le marxisme, le libéralisme ou l'atlantisme. C'est ce qui agace certains pays étrangers, qui y décèlent de l'arrogance.

Ancien peuple d'Europe et vieux pays cicatrisé, la France doute souvent. Elle s'abîme dans des conflits internes mais elle est aussi capable d'actes de grande générosité. Par le message qu'elle peut faire entendre, elle tient une place particulière dans le concert des nations, bien supérieure à sa puissance militaire ou au 1 % des terres immergées qu'elle représente. J'ajoute que grâce à l'outre-mer, elle est présente dans toutes les parties du monde : c'est une richesse et une chance considérable !

Pensez-vous que le 11 septembre 2001 ait ouvert une nouvelle ère, celle des démocraties en guerre contre le terrorisme

international ? Que pensez-vous de la thèse de Samuel Huntington sur la guerre des civilisations ?

Nous savons bien, nous les Méditerranéens, que les conflits entre civilisations n'ont jamais cessé. Relisez Amin Maalouf sur le XIVe et le XVe siècle.

La grande idée du XXe siècle, selon laquelle le monde peut être divisé en États-nations, avant même de savoir si ce sont des dictatures ou des démocraties, est une nouveauté dans l'histoire de l'humanité. Le concept même d'État-nation est récent : il ne date que de quelques siècles en Europe et de quelques dizaines d'années pour d'autres pays. Les conflits ont toujours opposé des peuples, ceux de la plaine à ceux de la montagne, ceux de l'eau à ceux du désert, les cultivateurs contre les nomades, les monothéismes entre eux. L'humanité est une civilisation des flux, plus que des frontières d'États-nations.

Quand ils se sont créés, les États-nations qui voulaient édicter leurs règles se sont opposés à la diversité des peuples qui les composaient. Les conflits d'Europe centrale du XXe siècle sont autant de conflits de peuples que d'États-nations, autour des frontières de la Pologne, de la Hongrie ou dans les Balkans.

Le terrorisme n'est pas non plus un phénomène nouveau. Amin Maalouf raconte que le terrorisme faisait partie intégrante, il y a cinq siècles, de l'histoire du Proche et du Moyen-Orient et plus généralement du bassin méditerranéen, avec les guerres, les attentats ou les enlèvements. On pensait que l'information et la communication rapprocheraient les peuples. Elles ont au contraire exacerbé les différences et rendu insupportables les inégalités, vécues comme des traumatismes, favorisant les replis identitaires.

Certains se demandent si l'islam est compatible avec la démocratie.

Ce n'est pas le problème du seul islam, c'est celui de toutes les religions. Il y a forcément des conflits et des compromis possibles entre les religions et les organisations civiles. Selon les périodes de l'histoire, c'est le conflit qui domine, puis le compromis. L'Église catholique a elle aussi longtemps considéré qu'elle devait gérer la société. Aujourd'hui, c'est avec une partie de l'islam que les tensions existent. Mais il y a quelques siècles, c'était avec l'Église !

Face aux dictatures et aux graves atteintes aux Droits de l'homme, êtes-vous partisan d'un droit d'ingérence ?

La situation tragique que connaît aujourd'hui le Darfour s'apparente à de la non-assistance à personnes en danger. C'est insupportable. La communauté internationale devrait intervenir massivement contre un massacre ethnique.

En revanche, imposer de l'extérieur un modèle d'État ou de démocratie ressemble à une forme d'impérialisme qui me dérange, même si cela part d'une bonne intention. Je reste mal à l'aise face à cette volonté de créer partout des États comparables aux nôtres. Si la chaussure de l'État ne correspond pas au pied du peuple, ça ne peut que provoquer des tensions, des drames et des violences. C'est exactement la situation du Moyen-Orient où les États ont été découpés selon des choix faits par les Occidentaux.

L'Europe est en panne. Comment la relancer ? Par les institutions, l'emploi, l'environnement, des grands projets ?

L'Europe, c'est d'abord un objectif de paix. Mais plutôt que de le décréter tous les matins de manière symbolique, les fondateurs ont considéré qu'il serait plus efficace que les peuples construisent ensemble des projets communs. Seulement aujourd'hui, les moyens sont en train de l'emporter sur l'objectif de la paix. De moins en moins de jeunes Français parlent l'Allemand, alors que dans ma génération, beaucoup d'élèves le choisissaient comme première langue.

Le marché commun ne peut pas être le seul objectif de l'Europe. Que la direction de la concurrence soit la plus prestigieuse à Bruxelles n'a absolument aucun sens. Les fonds structurels qui ont permis hier à l'Espagne, au Portugal, à l'Irlande ou à la Grèce, et qui permettront demain notamment à la Pologne de progresser, ne sont plus perçus comme des outils de la cohésion de l'Europe.

Il faudrait que des leaders d'opinions des différents pays de l'Union prennent une initiative, une sorte d'appel de Bruxelles ou de Copenhague, pour que l'on en revienne à l'idéal européen initial, celui de la paix, de la démocratie et de l'échange entre les peuples et les générations. L'initiative s'imposerait aux gouvernements européens et les contraindrait à lancer de nouveaux grands projets.

La première priorité est donc de réaffirmer cet objectif de paix et du « vivre ensemble ». La deuxième serait de concentrer des moyens communs sur les grands enjeux écologiques et de développement durable, à l'intérieur et à l'extérieur de l'Europe. La troisième serait d'investir sur l'avenir, dans les centres de recherche ou les universités européennes.

Les institutions ne sont pas la priorité. Elles serviront à mettre en œuvre le nouveau projet européen. Sans doute faut-il proposer aux Français et à nos partenaires un nouveau Traité constitutionnel simplifié puis définir les grands projets du progrès économique et de recherche, notamment le développement de l'économie du quaternaire que nous nous assignerions ensemble.

Une polémique s'est développée autour de l'euro qui serait trop fort, et de la Banque centrale européenne qui privilégierait la lutte contre l'inflation aux dépens de la croissance et de l'emploi.

La Banque centrale européenne est née de la volonté d'une monnaie commune et du traumatisme allemand concernant l'inflation. La Banque centrale a été conçue comme un outil de lutte contre l'inflation autant que comme instrument de régulation de l'économie et n'a pas dans ses objectifs institutionnels le soutien de la croissance et de l'emploi. Elle a rempli son rôle pour la stabilité de la monnaie et, si nous en étions restés au franc, je ne sais pas quels seraient les taux d'intérêt que nous subirions compte tenu de nos déficits. L'euro nous a donc beaucoup apporté, même si la lutte contre l'inflation a été survalorisée.

Pour en avoir discuté avec mes homologues allemands, j'ai observé chez eux une évolution depuis trois ans. Ils acceptent maintenant de rentrer dans la discussion sur les critères d'intervention de la Banque centrale pour donner une place plus grande à la croissance et à l'emploi.

Mais l'euro ne justifie en aucun cas que nous n'engagions pas les réformes que nous devons mener chez nous. Il n'est pas exact de dire que les difficultés de la compétitivité française tiennent à la Banque centrale et à l'Europe. Si nous avions 100 % de jeunes qualifiés et si nous cessions de taxer l'emploi et les salaires, notre taux de croissance doublerait.

L'Europe doit certes évoluer mais elle ne peut pas servir de bouc émissaire !

Faut-il accueillir la Turquie au sein de l'Union européenne ?

Si l'on est universaliste et que l'on croit à un certain nombre de valeurs, il est difficile de prétendre que les barrières géographiques l'emportent sur le reste. Si l'on est respectueux de la diversité, je ne vois pas pourquoi des origines culturelles ou cultuelles différentes et marquées, comme elles existent déjà dans un certain nombre de pays, constitueraient un obstacle à l'intégration dans l'Union. Enfin si l'on pense qu'il faut tendre la main aux États laïques, il n'y a aucune espèce de raison de rejeter la Turquie.

Sous ces différents angles, il est évident qu'il faut l'accueillir le plus rapidement possible. Mais la vraie question n'est pas là. Elle est de savoir si l'on fait une « Europe monde » ou si l'on construit un vrai projet politique et humain commun. Compte tenu de l'inquiétude qui existe sur l'identité des peuples, à l'intérieur des pays, et au sein de l'Union, faut-il rendre encore plus complexe la construction européenne ? N'y a-t-il pas le risque de l'acte de trop qui tue définitivement le projet de communauté de destins ? C'est en ces termes douloureux que la question se pose. Au titre de la main tendue, il faut accueillir la Turquie, mais à celui de la construction d'un projet politique commun, la réponse est moins évidente.

Le projet d'une véritable intégration européenne est impossible. Ce qui demeure possible, c'est le partage de quelques grands objectifs pour lesquels l'Europe s'engage à fond. De ce point de vue, pour quel motif l'Europe ne se tournerait pas d'abord vers l'Algérie, la Tunisie ou le Maroc ? La Tunisie est un modèle de laïcité, l'Algérie progresse vers la démocratie, le Maroc s'est doté d'un statut de la femme et de la famille exemplaire. Nous partageons avec ces trois pays une langue, une culture et des intérêts géostratégiques évidents.

Tous connaissent des taux de croissance extraordinaires. Dire que la mer Méditerranée nous sépare n'est pas un bon argument. L'Europe se définit d'abord comme un projet de paix et non pas sur des considérations géographiques. Sinon il faudrait intégrer la Russie puisqu'elle appartient physiquement à l'Europe, et dans 20 ans on s'interrogera sur les îles Kouriles !

Le projet européen ne peut se résumer à une extension géographique sans fin. En revanche, il est nécessaire de réfléchir à un nouveau projet Europe-Méditerrannée dans lequel la Turquie aurait naturellement sa place.

L'immense défi de la pauvreté dans le monde : selon un récent rapport de la FAO, la planète compte 854 millions d'affamés, dans un monde pourtant plus riche. Les dépenses militaires s'élèvent à 118 milliards de dollars, 15 fois plus que l'aide au développement.

La pauvreté existe un peu partout sur la planète mais elle se généralise et elle s'aggrave en Afrique. L'Afrique devrait être la priorité absolue. Elle devrait bénéficier de la solidarité de tous les autres continents. Cela pourrait prendre la forme soit d'un grand programme mondial de développement local, soit d'un parrainage par chaque continent de quelques États africains. Une solution qui créerait une compétition de réussite entre les parrains, le tout régulé par une agence mondiale de coordination. Ce programme de soutien et de développement devra respecter les valeurs de l'Afrique et ses modèles sociaux. Le XXIe siècle devra être celui du respect et du développement de l'Afrique.

Hubert Védrine assure que la principale menace sur nos démocraties n'est pas le terrorisme mais le risque écologique : dérèglement climatique, réduction de la biodiversité, épuisement des ressources énergétiques… Selon Al Gore, il nous reste 10 ans pour agir. Alors, urgence ou psychose ?

Nous ne sommes pas dans l'effet de mode. Nous savons de façon incontestable que si les Chinois prélevaient autant par habitant sur la planète que les Européens ou les Américains, le monde n'en aurait plus que pour 10 ou 20 ans. Les grandes économies vivent sur des ressources dont nous savons pertinemment qu'elles seront épuisées quand les enfants qui naissent aujourd'hui cesseront leur activité. Nous le savons et, malheureusement, il n'existe pas d'alternative. Mais le sujet est tellement vaste et inquiétant qu'il n'est jamais traité. L'union des scientifiques et des communicants est indispensable pour mobiliser les opinions. Les spécialistes sont aujourd'hui d'accord sur l'irréversibilité des phénomènes, ce qui n'était pas le cas il y a encore cinq ou six ans. La prise de conscience s'est accélérée. Même les Chinois s'en préoccupent.

La France doit devenir exemplaire dans les modes de vie et la limitation des émissions de gaz dans l'atmosphère. Elle peut même raisonnablement faire de l'environnement un axe majeur de développement de son économie. Nous avons entre nos mains tous les atouts pour réussir et intervenir sur les différents secteurs concernés. Nous sommes en pointe dans la filière nucléaire avec un parc exceptionnel de centrales et, demain, le futur réacteur EPR. Nous avons un pôle de compétence reconnu dans les transports collectifs avec le TGV ou le tramway. Nous sommes parmi les leaders mondiaux dans les industries de l'environnement – le traitement de l'eau et des déchets - avec Veolia ou Suez. Notre agriculture est l'une des plus performantes du monde, et nous pouvons aider à sa reconversion partielle dans les produits biologiques. Il suffit, par exemple, de les introduire progressivement dans les cantines scolaires et les agriculteurs suivront.

En matière de logement, nous imposons déjà des normes environnementales très strictes de 80 voire 50 kW par mètre carré. À Valenciennes, nous avons construit l'école Jean Mineur qui atteint un niveau d'excellence avec la norme HQE14 : tout est recyclé, il y a un potager dans la cour et nous revendons même de l'électricité à EDF ! Les géants de la construction Bouygues, Eiffage et Vinci possèdent un savoir-faire reconnu dans le monde. La France, si elle le décide, a les capacités de s'organiser autour d'un grand projet environnemental, comme elle a su le faire dans le passé avec le nucléaire, comme elle le réussit aujourd'hui avec le Synchrotron à Grenoble et Iter, le centre de recherche pour potentialiser la lumière du soleil, à Cadarache.

L'environnement doit devenir un axe stratégique pour la recherche, le développement économique et le rassemblement du pays derrière un projet mobilisateur.

Après les Verts, Nicolas Hulot a fait des propositions concrètes en matière d'environnement : la nomination d'un vice-premier ministre chargé du développement durable, la création d'une taxe carbone, l'interdiction des cultures OGM en champs ouverts...

J'ai étudié son Pacte plusieurs heures avec lui, sans la presse, pour aller au fond des dossiers. Je suis en accord avec l'essentiel de ce qu'il propose.

Mais s'il a raison de s'adresser au futur président de la République, nous ne devons pas nous tromper sur le rôle de chacun car c'est bien l'ensemble des acteurs qu'il faut mobiliser sur son pacte, dont l'État. Prenez l'exemple du ferroutage. Vous pouvez en parler des années, vous n'obtiendrez rien sans la participation active de la SNCF ni des partenaires sociaux. Le logement se jouera, lui aussi, avec toutes les parties concernées. L'élimination des déchets dépend à la fois des agglomérations, des intercommunalités, des villes, des usines d'incinération et des syndicats mixtes qui gèrent la filière. C'est toute la société française qu'il faut faire bouger en même temps.

Un point méritera d'être plus précisément débattu : l'allongement de la distance entre le domicile et le travail, le temps perdu dans les déplacements et l'impact sur la pollution. Il en tire la conclusion qu'il faut rebâtir la ville sur la ville et éviter l'étalement de l'habitat. Dans la réalité, la France a la chance d'avoir une densité démographique incroyablement faible. Elle ne court pas le risque de voir se constituer des mégapoles comme celle de

Los Angeles. Personne en Île-de-France ne fait par plaisir une heure et demi de trajet le matin et le soir. Ce n'est pas en reconstruisant la ville sur la ville que nous réglerons un problème lié à la crise du logement, véritable frein à la mobilité. Le salarié peut rarement choisir son lieu de travail mais il pourrait décider de son lieu de résidence et éviter de longs trajets. La crise du logement l'en empêche pour l'instant. Pour quelqu'un qui travaille à Marne-La-Vallée, la solution n'est pas de densifier l'habitat à La Défense ou à Puteaux mais de poursuivre la construction de logements de qualité à Marne-la-Vallée. De plus, il faut doter la région parisienne d'un transport ferré haut de gamme alors qu'il est actuellement largement améliorable.

En tout état de cause, le Pacte écologique de Nicolas Hulot et de l'Alliance pour la planète, une réunion d'ONG, est crucial et il faut le mettre en œuvre.

Alors, pourquoi pas un vice-premier ministre, mais c'est au futur président de donner l'élan à toute la Nation.

Faut-il développer le nucléaire, avec le nouveau réacteur EPR, ou au contraire préparer une sortie progressive ?

Je constate que le Pacte écologique adopte une position prudente. Cela me paraît raisonnable : tant que nous ne disposerons pas d'un système idéal de production d'énergie, l'urgence commande de nous arranger avec des systèmes imparfaits mais qui ne contribuent pas à l'effet de serre.

N'imaginons pas cependant que le nucléaire puisse résoudre les problèmes énergétiques à l'échelle de la planète. Même en construisant des centrales partout, ce serait insuffisant. Il va bien falloir trouver autre chose et surtout raisonner autrement le modèle de croissance productiviste. L'économie du quaternaire doit nous y aider.

Il y a les énergies renouvelables, comme l'éolien ou le solaire et, là, la France est très en retard.

Nous devons mobiliser toute la communauté scientifique pour imaginer de nouvelles ressources énergétiques alternatives et non polluantes. Les difficultés d'aujourd'hui sont le résultat d'un pétrole resté longtemps abondant et facilement transportable.

Du coup, nous n'avons pas lancé de programme de recherche fondamentale. Sinon, nous disposerions aujourd'hui d'énergies alternatives. Il faut accepter l'idée que le pétrole, c'est bientôt fini.

Faut-il continuer d'interdire les OGM ?

J'ai un doute. Je vois bien les manifestants, mais j'ai du mal à faire la part entre le risque véritable pour la santé publique et celui, sous-jacent, qui est économique : la concentration capitalistique au profit de multinationales comme Monsanto… C'est aux scientifiques de nous éclairer.

Conclusion

La France n'est plus, dans les domaines de l'Emploi, de la Formation, de l'Équité et du Logement (EFEL), un pays centralisé où l'État est l'acteur unique.

L'absence de synergies pour parvenir à l'objectif commun est la raison principale de notre perte d'efficacité depuis 30 ans.

C'est par défaut de compréhension de cette nouvelle réalité, récente au regard de notre histoire, que tous les gouvernements, tous les acteurs ont fait « comme si », que la France, sans projet commun, sans mobilisation de toutes les énergies, est condamnée depuis 25 ans à l'alternance entre les partis de gouvernement et, pourquoi pas demain, à d'autres aventures. Définir quatre objectifs prioritaires aussi simples que proposer un logement pour tous à un prix normal, qualifier 100 % d'une classe d'âge, aller vers le plein emploi et la réduction du temps partiel subi, réussir l'équité républicaine, est à notre portée.

Je suis convaincu que le changement en profondeur pour y parvenir est moins idéologique qu'organisationnel, et qu'il faut choisir un radicalisme modéré qui bouleverse moins la société que nos modes de gouvernance politique. Confronté depuis dix-huit ans à l'action publique, de Valenciennes au gouvernement, sur des sujets complexes, j'ai, comme l'horloger, ouvert le boîtier pour regarder l'état des différents mécanismes.

Notre problème principal est celui des rouages et de leur articulation, auquel je propose de remédier. Ce quinquennat des quatre causes nationales, ce projet E F E L, permettra à la France de retrouver un second souffle pour redevenir ce pays « béni des dieux ». Ce n'est finalement pas si compliqué ; il était autrement plus difficile de reconstruire la France après la guerre !

Ce pays est magique. Il se laisse aller à la facilité quand tout va bien et refuse de voir des évolutions évidentes. Il faut qu'il connaisse le désarroi et parfois des événements dramatiques pour bouger en profondeur. Il sait alors donner le coup de rein nécessaire pour repartir de l'avant.

Je veux être l'architecte de ce projet collectif de réconciliation des Français car l'essentiel de nos retards sont surmontables. Pour que la France ait un avenir et que les sourires reviennent sur les visages… Tout simplement.

Table des matières

Cet ouvrage a été imprimé par

FIRMIN DIDOT

GROUPE CPI

Mesnil-sur-l'Estrée

pour le compte des Éditions Du Moment
26, avenue Marceau, 75008 Paris
en mars 2007

ISBN : 978-2-35417-002-8
© Éditions du Moment
Imprimé en France
N° d'impression : 84514
Dépôt légal : mars 2007